JN021658

日本のリーダー達へ

私の履歴書

葛西敬之

東海旅客鉄道株式会社名誉会長

日本経済新聞出版

Yoshiyuki Kasai

はじめに

1994年春、日本経済新聞名古屋支社の記者だった私は、部内の異動で東海旅客鉄道（JR東海）の担当になった。

それまでは事件や司法関連の記事を書くことが多く、企業取材は初めて。勝手が分からないまま担当初日の夜、名古屋市内の幹部社宅に葛西敬之副社長（当時）を訪ねてみることにした。

押しかけられる側には迷惑であろうが、「夜回り」なら時間や周りの目を気にせず、じっくり話が聞ける。平時の企業取材として適切かどうかはともかく、相手は「剛腕」で鳴る国鉄改革の中心人物。記者の扱いから何から百戦錬磨のはず。いったいどんな反応を見せるのだろうか。そんな興味もあった。

玄関先で社名、氏名を名乗った私に対する最初の質問は、想像もしないものだった。

「あなた、モツァルトは聴く？」――。「えっ、モーツァルトですか？ まぁ、ちょっとは」「では、いまちょうど聴いていたところなので、中で一緒にどうですか」

圧倒的な教養人。それが葛西さんの最初の印象だった。ベートーベンの協奏曲を流してはオイストラフのヴァイオリンに体を揺らし、読書の話題になれば古今東西の名著から、池波正太郎の『鬼平犯科帳』まで自在に語る。フランスの元大統領、シャルル・ド・ゴールの伝記は現物が手に入らなかったそうで、コピーを切り貼りして作った〝私家版〟を読んでいた。

それから毎週のように夜回りに出かけた。こちらが教養人でないことは、すぐに分かったであろう。それでも葛西さんは国家盛衰の物語や、過去の戦争で用いられた戦術の巧拙など、鉄道事業とは関係のない話を楽しそうに語った。兵器がその目的とは裏腹に、なぜ美しく見えるのか。そんな〝哲学的〟な議論をしたこともある。

いま思えば、気の利きそうもない記者に、少しでも知恵を授けてやろうということだったのかもしれない。私がいくら「モーツァルト」と一般的な発音で話しても、原音に近いということなのか、必ず「モツァルト」と言い直す。こうした「譲らなさ」も葛西さんらしく、思い返すたび楽しくなる。

教育好き、という面もあったろう。「若い人たちをどこかの島にでも集めて、あれこれ教えてみたいですね」と話していたことを覚えている。この思いは後に、自前で学校をつくるという数段大きな形で実現させ、世の中を驚かせることになった。

私のJR東海担当は1年で終わり、東京に戻る。仕事の関係は切れたが、うれしいことにその後も、時折食事に誘っていただいた。話題は相変わらず本業とは無関係のことが多かった。国の行く末を案じるように政治や外交を語り、科学技術や宇宙開発の可能性へと広がっていく。

素人なりに述べる意見を、葛西さんは歓迎した。ニコニコ聞いては、「うーん、それは違うね」と正す。もともと話の内容に期待はしていないが、それでも第三者の感想は聞いておきたいし、何より意見を述べ合うことに意味がある。そんな考えのようだった。よく、「誰か面白い人がいたら連れてきてよ」とも言っていた。常に自分が知らない分野の人・知識を求めている。とても大きな、それだけに捉えどころのない人だった。

2015年、葛西さんは日本経済新聞の朝刊文化面に『私の履歴書』を執筆することになった。連載期間は10月の1カ月間。私は日経側の窓口として、その年の春から約半年間にわたって準備作業をともにし、結果、〝葛西通史〟を学んだ。その中で、それまでぼんやりとしていた部分部分がつながり、徐々に輪郭が見えてくるような気がした。

たとえば、貪欲に知識・教養を追い求める姿勢の原点は、幼少のころお父様と膝詰めで始めた読書会にあったこと。「人の上に立とうと思えば、人間学が必須の条件となる。それを身につけるためには政治、外交、歴史、文学などを、怠らず学ぶべし。そのうえで大局を俯瞰し、論理を構築する」。こうした経営者論もまた、読書会の延長線上のものであろう。

葛西さんの言動は欧米的な合理主義、現実主義にもとづくものだと思っていたが、むしろ日本的、東洋的な無常観が大きく影響していた。「この世は仮の宿。生を受け、いまここにあること自体、偶然にすぎない。人生は設計通りには進まないし、いつ終わるかも分からない」。高校生のころからそんな思いを抱いていたと聞き、驚いた。

この無常観は、「相手の首を取るか取られるか」という闘いのただ中に身を置き、時代や社会のうねりに翻弄される組織や人々を見続けた国鉄改革を経て、さらに強固なものになったことだろう。本人は「ひよわな都会の秀才が、国鉄改革でさなぎから羽化した」と自らを評していた。

そしてこの無常観の先こそが葛西さんの本質であったのだと、私はまこと失礼かつ勝手ながら考えている。つまり——この世は無常である。だからこそ、その瞬間その瞬間、与えられた場所で、自分が正しいと信じることを一生懸命やるしかない。こちらに理があり、正義があれば、相手と刺し違えることになろうが、断固実行する。着想即着手。これこそが「剛腕」の正体だった、と思い至った。

亡くなった後、米国のメディアから葛西さんの業績や人となりについて取材を受けた。先方の記者は過去に葛西さんにインタビューした経験があり、その時に抱いたという疑問を私に尋ねた。それは、「彼はどうしてあんなに楽天的なのか？」だった。

これはかつて私も感じていたことだ。自らの言動で周りが騒ぎになっているのに、当の本人は特段困った様子も見せず、どうかすると無邪気に笑っている。

しかしこれも、「やるべきことはすべてやった。仮にうまくいかなかったとしても、それはそれまでのこと」――だったのだと考えれば納得がいく。最初から捨て身の覚悟で決断しているし、何かあれば責任を取る腹も固めている。いつもそう考えている人は、傍からは楽天的に見えるのかもしれない。無常の先の達観・諦観の構えだったのであろう。

2022年4月、前の年あたりから肺の調子が思わしくなかった葛西さんは、都内の病院に入った。病床から何度かかかってきた電話に、私は心底驚いた。

「間質性肺炎で入院しました。この病気はしかたがない。いずれ意識が混濁するでしょう。私は5月中にいなくなります」――。

これほど冷徹な現状認識、将来予測があるだろうか……。だが「葛西理論」では、この世の無常は大前提。ならぬことは受け入れるとして、実現可能なことは最後までやり切るのだ。であるから、電話での話はこう続く。

「それでいま、日経新聞に連載した『私の履歴書』と『あすへの話題』を読み返しているところなんです。これを本にして残そうと思ってまして」

「『履歴書』は、少し書き直したいんですよね。体言止めが目立つようなところがありますから。ベッドの上で作業しています。ぜひ、よろしく」

体言止めは新聞の字数制限や、記事に組んだ際の体裁上の都合から私が書き換えたところである。経緯がどうだろうと、文章として美しくない部分は見逃したくないし、見逃さない。これもまた、葛西さんらしい美意識の表れである。

病室での推敲作業を終え、葛西さんは自らの見立て通り、5月25日に永眠した。最後の最後まで信念・姿勢を貫き、旅立った。

本書は、このように葛西さんが形にして残したいと念じた『私の履歴書』と『あすへの話題』をまとめて収録したものだ。前者では自身の生い立ちから、戦後史に刻まれる国鉄改革の実相、さらに分割民営化された新生ＪＲ東海を軌道に乗せるまでが描かれている。

特に葛西さんが「日本の精華」と誇る新幹線を磨き上げていく過程は、大きな見どころといっていい。その発展系であるリニア中央新幹線の実現に向けた思いの熱さも伝わってくる。病床から私がもらった最後のメールも、「試乗会でリニアにぜひ乗って、完成度の高さを実感してください」だった。

逝去はリニア開業には間に合わなかった。ただそれは、「葛西理論」からすれば心残りや後悔といった言葉とは無縁のはずだ。「やるだけやったので、あとは任せたぞ」――であるに違いない。

元原稿をそのままの形で掲載した『あすへの話題』については、葛西さんは「まったく直すところはない」とのことだった。新聞記者の無粋な手が入らず、仕事とは直結していないエッセーである分、こちらの方が葛西節を堪能できるかもしれない。「潜水艇長の遺書」や「刃渡り5センチの小刀」は、特に葛西さんの好きな話だったように思う。

紙幅に限りがあり、また何より本人の〝幅広さ〟ゆえに、教育再生、安全保障、宇宙開発といった分野での活躍や、後見人のような形で支えた安倍晋三元総理大臣との信頼関係などについては、『私の履歴書』『あすへの話題』ではカバーしきれていない。

そこで生前お付き合いのあった4人の方に、『追悼文』の形で寄稿をお願いした。元内閣官房副長官の杉田和博氏、ジャーナリストの櫻井よしこ氏、政治評論家の屋山太郎氏、千葉工業大学学長の松井孝典氏——の皆さんである。お読みいただければ、いち経営者の枠にとどまらない葛西さんのスケールの大きさを実感できることと思う。

同じ理由で、新聞やテレビでの発言のエッセンスも載せた。その中の一つ、BSテレ東の「NIKKEI　日曜サロン」への出演は、逝去の1年ほど前の2021年6月だった。すでに体調は良くなかったはずだが、「テレビに出るのは国鉄改革以来ですよ」と笑って快諾していただいた。いまこの時に発言しておかなければ、という思いがあったのだと推察している。

あまり語られていない家庭人としての葛西さんについても、お話ししておきたい。『私の履歴書』の連載終了後、記事の反響を尋ねた際の葛西さんの第一声は、「いや〜、家内が喜んでくれましてね」だった。

『私の履歴書』の準備作業中、私が一番驚いたのは、後に奥さまとなる省子さんとの出会いの場面である。「初めて会った時、奥さまにどんな印象を持ちましたか？」と質問すると、物事を客観的に、半分外から自分を見るようないつもの冷静な口調で、「一目ぼれでしたね」と答えたのだった。

分割民営化に向けた怒濤の日々のあれこれを、葛西さんは家ではほぼ口にしなかったという。だがもちろん省子さんは気配を感じ取り、気遣っていた。万一、国鉄を追い出されてしまったらどうすればいいのか。そんな心配までしていた。詳しくは、本文をお読みいただきたい。

そうした事実を葛西さんは後から知り、仕事以外はすべて省子さんに丸投げしていたことを改めて痛感したのだろう。『私の履歴書』の最終話は、省子さんへの感謝の言葉で結んでいる。それでこの回には、「妻の存在、人生を支える」との見出しをつけた。

実は最終話の元原稿は、最後から2コマ目までで（了）となっていた。私はそれを読んで、「こんな言い訳みたいな書き方では、感謝の気持ちが伝わりませんよ。本当に思っている通りに、素直に書いた方が絶対いいですよ」と指摘した。葛西さんは「うーん、そうですね」と、最後にもうひとコマ書き足すというやり取りがあった。日本を代表する経営者を私が教え諭した、唯一の場面である。

省子さんとは連載が終わった後、一度ご一緒する機会を得た。清楚で凛とされた方であった。夫が国鉄改革に向けた闘いに明け暮れる中、どのような気持ちで日々を送ったのか。以前から関心があったことを、思い切って尋ねてみた。「そういえばあのころ、夜中、家にヘンな電話がたくさんかかってきました。眠れないから電話線を外して寝たんです」――。

「そういえば」などというレベルの話でなかったことは想像に難くない。なのにそれを、ちょっとした困り事でもあったかのように話す。隣に座っていた葛西さんは、少し小さくなっているように見えた。

「わが正体貘《ばく》にて候瓢《ひょん》の笛」。俳人である省子さんの代表句である。この私の正体は伝説の生きもの、貘なのですよという、宣言のような自白のような不思議な味わい。素人である私にも、ひょうひょうとした面白みが伝わってくる。

国鉄を分割民営化する。東海道新幹線を国から買い取る。品川に新駅を作る。名古屋駅に超高層ビルを建てる。リニアを実用化する。米国に新幹線を売り込む。地元財界を巻き込んで学校をつくる――。葛西さんはいつでも、周りから見れば突拍子もない夢を語り、決断し、実現させ、また次の夢を語ってきた。「夢を食べて生きる」という点では、葛西さんもまた貘であったのかもしれない。

こうも考えてみる。伝説の獏は人の悪夢を食べ、邪気を払う。葛西さんの剛腕は必然、摩擦も生んだ。そばにいて、葛西さんの悪夢を食べ、無害化していたのが省子さんだったのかもしれない。そうしてみると二人はまことお似合いの、獏の夫婦であったと相成る。どうりで二人して肝が据わり、物事に動じないはずだったのだ。

本書を手にされた読者の方々には、企業経営にとどまらず、世界における日本のあり方を常に考え、行動し続けた葛西さんの気概や思いを感じ取っていただければ何よりである。ますます不透明さを増す社会を生きる私たちにとって、示唆するところがあるのではないだろうか。

日本経済新聞編集委員　坂口　祐一

目次

目次

II　あすへの話題

目次

I

私の履歴書

日本経済新聞朝刊連載（2015年10月）

鉄道と歩む

国鉄民営化に人生賭す

——「正しいか否か」妥協せず貫く

「豪腕」などと評されることが多いが、それは違う。本来私は慎重で、むしろ臆病な質《たち》である。幼いころ、母が近所に絵や書道を習いに通わせたのも、内気で恥ずかしがりの性格を心配してのことだった。

学生時代までは親や友人、教師など、まわりの期待にこたえるよう振る舞ってきた。真面目で成績がよく、ルールをきちんと守る。そうすれば皆が安心し、褒めてくれる。都会で甘やかされて育った秀才、だったのだと思う。

そんな私が国鉄に入り、実現できるとは誰も思っていなかった分割民営化を推し進めた。いち課長にすぎない立場で、組織を敵に回し、圧倒的な力を持つ労働組合をねじ伏せるようにしてである。

いつだったか母が、「敬之は優しく良い子だったのに、最近は別人のように荒れてきた。国鉄は悪い職場だ」と妹たちに話しているのを耳にして、苦笑したことを思い出す。

そもそも国鉄との出会い自体、偶然にすぎなかった。

大学4年のとき、うっかり落とした学生証と定期券を東京・杉並の荻窪駅に受け取りに行ったときのことだ。駅の助役が私の学生証を見ながらこう言った。

「あなた、東大の法学部じゃない。だったら国鉄にいらっしゃい。出世がすごく早いですよ。特急組だから5年目には課長になるし、10年そこそこで部長ですよ」

それまで鉄道には、まったく興味はなかった。もちろん就職先として考えたこともない。第一、国鉄に大学卒の採用があることさえ知らなかったのだ。

国家有為の仕事をする以外、人生の明確な目標はなかった。出世が早ければ、早くそのような仕事ができるに違いない。ほかに興味のあるものが見つかれば、転職すればいい。そんな考えで、「仮の宿」として国鉄へ進んだのである。1963年のことだ。

入社してすぐに、「ここは自分が一生を過ごす場所ではない」との思いを抱く。国鉄は翌年から赤字に転落。借金漬けの状態になっても組織内の危機感は薄く、問題を先送りするだけの再建計画が繰り返し作られていく。

職場の規律は崩壊していた。静岡、仙台の鉄道管理局勤務となった私は、悪慣行がはびこる現場の実態に直面する。そのような厳しい状況のなかで、身を削るようにして鉄道の使命を果たそうとする現場管理者たちに出会った。

彼らを守り、国鉄を生き返らせるためにはどうすればいいのか。「正しいか否か」だけを判断基準として妥協せず、筋を通すしかない。私は変わった。労組となれ合う本社の方針に逆らうことで、いや応なしに自立したのだ。

やがて「国鉄の再生には分割民営化しかない」という確信を胸に、本社に戻る。この時、自らの職業人としての人生を、この一事にかけようと心を決めた。まさに不惑の年、40歳を迎えていた。

民営化後は東海旅客鉄道（ＪＲ東海）に移り、日本の鉄道の精華である東海道新幹線のシステムを磨き上げてきた。そしていま、超電導リニアによる中央新幹線の開通を見据えている。

国鉄で24年、ＪＲ東海で28年。「仮の宿」だったはずの鉄道は、私の「終《つい》の棲家《すみか》」となった。闘い、駆け抜けてきた半生を、このあたりで振り返ってみようと思う。

I　私の履歴書

筆者（写真提供：日本経済新聞社）

家族

父に俳句や和歌教わる

――負けず嫌いな一面、母譲り

「葱買て枯木の中を帰りけり　蕪村」

遊びに出かけた隣の家で、3歳になったばかりの私がこうそらんじたので、周りの大人たちはたいそう驚いたそうだ。

もちろん、句に込められた思いや情感を分かってのことではない。父に暗唱させられていたものを、そのまま口にしただけである。

1940年10月、私は兵庫県の明石で生まれた。父の順夫《のぶお》は明石中学の国語・漢文の教師だった。ほどなくして一家で東京へ移る。

葛西家は代々、新潟・佐渡の医者であり、漢学者である。私塾を開き、子どもたちに学問を教えてもいた。順夫の父である祖父の千秋は10歳のとき、学問を学ぶためにひとり東京へ出されたという。

「我が子、千秋を東京へ送る。あなたはもう幼くはない。学ばねばならないのだ。天は広く、前途は遠い」——。私が子どものころ家の床の間には、旅立つ息子のはなむけに詠んだ、こんな曽祖父の漢詩がかかっていた。

東京に出た千秋は、10歳かそこらで、漢文を学校の先生に教えていたという。その祖父の影響のせいか、父は学問そのものと、それを教えることに徹した人であった。東京では都立高校で教えていたが、「昇進して校長になる」といった考えはまったくなかった。人に迎合することなく、自由でいたかったのだと思う。

親しい人たちとは、自宅の回り持ちで聖徳太子の勉強会を開いていた。複雑な家庭の学生たちを家に引き取って寝泊まりさせていたことや、和歌を作っていたことが記憶に残っている。

父は私に、国語・漢文の基礎を染み込ませようと思ったに違いない。幼い時分には与謝蕪村や松尾芭蕉の俳句を、5歳をすぎたころからは柿本人麻呂や万葉集に詠まれた和歌を口伝えで教えられた。

母の益世《ますよ》は聡明《そうめい》で、覇気のある人だった。どこで学んだのかと思うほど世界や日本の地理、歴史、外交などに詳しく、折に触れて話をしてくれた。

それも益世の父、本荘堅宏を知れば、納得できる気がする。私の祖父にあたる本荘は明治から昭和にかけて、浄土真宗の教師を務めていた。大陸に渡り、布教のかたわら当時のロシアの動向を調査し、陸軍に提供していたという。

日露戦争の際には軍から武器を借り、仲間とともに樺太の海馬島（モネロン島）に上陸した。そこにいたロシア人を追い払って島を占拠し、漁場を開いたという武勇伝の人である。その後も、ロシア語や中国語を教える学校を東京に創設するなど活躍したと聞いている。

本荘は私が生まれたときにはすでにこの世になく、大陸でつづった諜報《ちょうほう》記録なども関東大震災で失われていた。かなうことなら一度会ってみたかった。

私の心の中には、負けず嫌いで好奇心の強い一面がある。これは母から受け継いだものではないかと思う。

一方で私は、国鉄、ＪＲに身を置きながら、いつも組織の常識や価値観にはとらわれず、自分の関心、自分のやりたいことにこだわって生きてきた。これはまさに父の影響であろう。

もっとも私は、父のように自由人に徹してはいないと思っているのだが。

I　私の履歴書

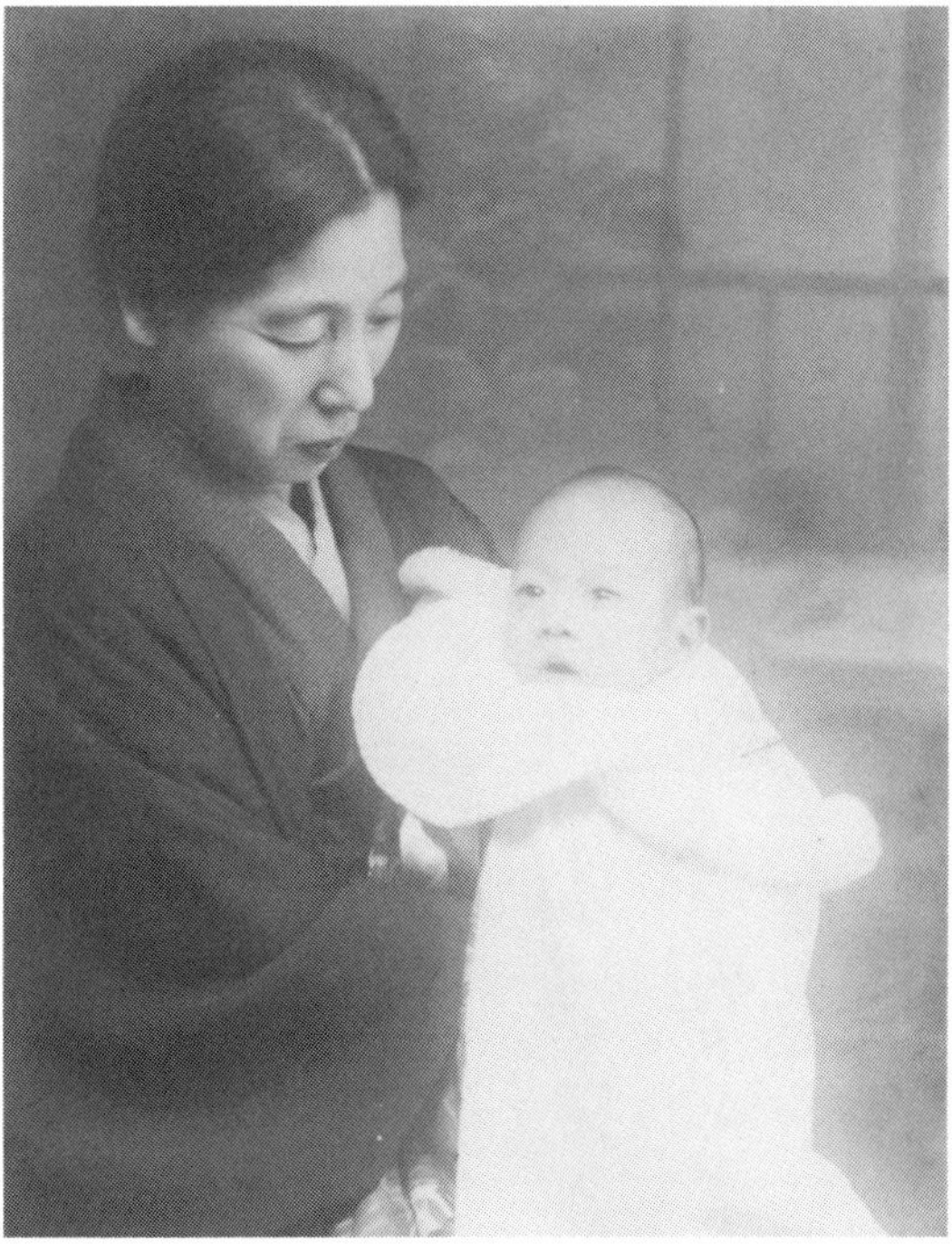

生まれて間もないころ、祖母と

佐渡疎開

空襲激化で先祖の地へ

——豊かな自然、東京と別世界

防空壕《ごう》に逃げ込む間際、見上げた東の空は真っ赤に染まっていた。1945年3月10日。B29爆撃機の大編隊が東京の下町を焼き尽くした。東京大空襲である。

私は4歳になっていた。幸い杉並の自宅近くに爆弾が落とされるようなことはなかったが、このころになると、空襲を知らせるサイレンは昼も夜も鳴り響いていた。それが毎日のように続く。

ある日の昼間、突然頭の上で、「バリバリバリッ」とものすごい音がした。米軍機の機銃掃射だった。我が家は無事だったが、隣の家には屋根を突き抜け、7〜8センチ大の機銃弾が転がり込んできたという。子ども心にも恐ろしさを感じる出来事だった。

空襲の激化に追われるように、私と妹の2人は祖母に手を引かれて手筈を整えていた新潟の佐渡に疎開した。父の順夫は、臨月だった母の益世と東京に残り、産後に皆合流した。

落ち着いた先は、葛西家が代々住んでいた羽茂という村落だ。島の南端近くにあり、いまは佐渡市である。曽祖父はこの地で私塾を開き、子どもたちを教えていた。塾があったあたりは現在、市立羽茂小学校になっていて、校門には曽祖父の記念碑がある。

村の人たちは祖父を「先生」と呼んでおり、遅れて佐渡に来た父も、ここでは「若先生」だった。疎開は私にとって、先祖ゆかりの地への初めての里帰りとなったわけである。

東京では日々空襲におびえ、食糧も手に入りにくくなっていた。それに比べると、佐渡はのどかで、別世界のようだった。米もとれるし、ホッケやイカなど海の幸もある。米軍の機雷による港湾封鎖で島外には出荷できなかったが、店には東京では手に入らないような高級魚がいっぱい並んでいた。母はこれらを自由に買ってきた。

子どもたちの食べものを心配しなくていいということは、親として心穏やかでいられたのではないだろうか。母は戦争が終わって東京に戻った後も、「一番おいしいものを食べられたのは佐渡にいたころだったねぇ」とつぶやいていた。

父が私の教育を託した天神さまの宮司さんには、トンボ釣りを教えてもらった。まず宮司さんの奥さんにお願いして髪の毛を1本抜いてもらい、竹の棒に結ぶ。その先にハエをくくりつけ、田んぼの中で振るのだ。すると、ハエを食べようとオニヤンマが飛んでくる。いくらでも捕まえられた。

佐渡では、クイナという鳥の鳴き声を聞いたことも忘れられない。疎開中は祖父が使っていた長屋を修繕して住んでいた。朝方、庭にある池の方から「コツコツコツ」と、戸をたたくような不思議な音がする。祖母に聞くと、それがクイナの声だった。

その時はぴんとこなかったのだが、高校生になって「徒然草」や「源氏物語」を読むと、「水鶏《くいな》の叩《たた》く」といった表現が出てくる。「あれがそうだったのか」とまさに合点がいった。

正確にはヒクイナのことを指すようだが、古《いにしえ》の都でもあのようにクイナが鳴き、それを当時の人たちが書き記していた。幼いころの記憶が遠い古典の世界とつながったようで、鮮烈な印象として心に残った。

ひもじさやさびしさを味わうこともない。穏やかにすぎた佐渡での幼き日々は、私の宝物となった。間もなく戦争は終わろうとしていた。

I　私の履歴書

大学時代に再訪した疎開先の佐渡で（後列左が筆者）

小学校入学

「小学生全集」夢中で読む

——付いた空想癖、私の武器に

戦争が終わり、私たち一家は佐渡から東京に戻った。空襲で家を焼かれることも、疎開先で心細い思いをすることもなかった私には、「戦争体験」より「戦後体験」の方が記憶に残っている。

特別ひもじい思いをしたわけではない。何かしら食べるものはある。けれども、とにかく毎日同じものばかり。朝昼晩、イモやトウモロコシの粉を煮たり焼いたりしたものが出てくる。

父に連れられ、一度だけ買い出しに出かけたことがある。私も小さなリュックを背負って列車に乗り、埼玉の農家でイモを買って帰った。

列車の中は大混雑だった。外の景色も見えず、ガタンゴトンという音だけが響く。子どもは私1人だけ。押し黙ったままの大人たちにぴったりと囲まれて身動きができず、息が詰まりそうだった。

たいして荷物が持てるわけもなく、子どもは足手まといにしかならない。たぶん父は、「食べ物を手に入れるのは大変なのだ」ということを教えておきたかったのだろう。

6歳になり、地元、杉並の桃井第二小学校に入った。毎日学校から帰ってくると、すぐに虫を捕りに出かけた。カマキリ、セミ、タマムシ、コオロギ……。当時は杉並にも田んぼや畑、林が広がり、たくさんの生きものがいた。夢中になるあまり、川に転げ落ちたこともある。

蜂の巣を見つけると丸ごととってきて、幼虫をほじくり出し、フライパンで炒《いた》めて食べた。ザリガニも湯がいてみたが、食べられるのは尻尾のわずかな部分だけだった。

家に戻るのはきまって暗くなってから。夕食の後は、「小学生全集」を夢中で読んだ。菊池寛と芥川龍之介が監修したもので、文学、歴史、科学など様々な分野の本が入っている。家には、刊行された全集のうち、高学年向けの50冊あまりがそろっていた。『ジャングルブック』『四つの署名』『源平盛衰記』『極地探検記』『海軍と海戦の話』『人類と生物の歴史』。いまタイトルを並べてみても、心躍るようだ。こうした本を片っ端から、ボロボロになるまで繰り返し読んだ。

本を読むと空想がどんどん広がっていく。布団の中で眠りにつく前、それまで読んだ本の内容を思い出し、あれこれ想像をめぐらす時間がなんとも楽しかった。

「僕がナポレオンだったらどうやって敵をやっつけようかな」「科学者になって、アメリカよりもすごい飛行機を発明してやるぞ」。鞍馬天狗や塚原卜伝《ぼくでん》も頭に浮かぶ。たちまち空想の中の私は、戦国や幕末の世を駆け抜ける。

空想癖はその後も続いた。当然、だんだん現実的な話になっていく。実際に起きた出来事の中にいたら、自分はどう行動しただろうか。そんなことをつねにシミュレーションする。

これはのちに、国鉄の分割民営化に取り組む過程でも大いに役立った。たとえば「組合は何を考えているか」「次にどう出てくるか」といったことをいつも考え、戦略を練る必要があったからだ。

いまでも新幹線に乗っているときや退屈な会議の最中には、ぼんやりしていることが少なくない。こういう時にこそ頭が働き、アイデアが浮かぶのだ。それが実際の経営戦略につながることもある。想像に遊ぶという幼いころからの習慣は、私の武器になっている。

I　私の履歴書

幼いころ、父と

畳に正座、父と論語勉強

――夕食後は講話、価値判断学ぶ

小学5年生のとき、近くに荻窪小学校が新設され、そちらに転校した。担任は渡邊義男先生。師範学校を出た後、陸軍航空隊の予備士官として南方戦線で戦い、帰ってきた人だった。

日本の国を立て直さなければならない。そのために君たちには立派な日本人に育ってほしい。渡邊先生の授業からは、そんな思いがひしひしと伝わってきた。

ときには子どもの私たちに、戦地での生々しい話もしてくれる。米国が雨あられのように爆弾を落としていった前線のありさま。撃墜されながら最後まで機銃で撃ってきた敵のパイロット――。私は固唾《かたず》をのんで聞き入った。

戦争に負けたことで、世の中には自信を失い、自己否定に走るような風潮があった。東大や京大の教授までが「日本は漢字を使っているから遅れている。すべてローマ字にしたほうがいい」などと真面目に主張していた。

そんな中でも渡邊先生はまったくぶれない。一貫して日本の歴史に対する誇りや、国を思う気持ちを熱く語っていた。子どもの私も、ローマ字論者に対しては「とんでもないことを言う人たちだ」などと、渡邊先生と一緒になって憤っていた。

ある日父が家の2階から、「おい、ちょっとこい」と呼ぶ。上がっていくと、「きょうから論語を読むぞ」。それから日曜ごとに、親子向かい合っての勉強会が始まった。

机をはさんで、畳の上に正座する。まず父が読み、私がその通りに繰り返す。最初は学而《がくじ》篇であったが、論語は小学校高学年の私に「読める」ようなものではない。音を丸暗記することになる。早く虫を捕りに行きたくて仕方なかったが、論語の勉強は嫌ではなかった。寺子屋とはきっとこんなところだったのだろう、などと思っていた。

論語で始まった父との読書会は、この後も続いた。中学校に入ると『徒然草』や『枕草子』、高校では『土佐日記』『更級日記』『大鏡』などと進んだ。『源氏物語』は父が嫌いだったため、最初の四帖だけだった。

このころになると、まず私が声に出して読み、続いて解釈をする。間違ったところがあれば、それを父が正す。私1人では教えにくかったのか、そのうちに同級生と先輩が加わった。生徒が3人に増えた読書会は高校が終わるまで続いた。

おかげで学内の国語の試験勉強は、直前に教科書を2〜3回声に出して読めばそれで終わり。大学受験のときにも、国語の勉強はまったくやらずにすんだ。いま思えば、読書会は試験うんぬんという小さな話ではなく、私の財産となっている。

学問と教育、歌作以外に興味のなかった父は、夕方、授業が終わるとさっさと家に帰ってくる。家族みんなで食卓を囲み、その後は父の講話を聞くのが日課になっていた。「今の社会党はなっていない」「サンフランシスコ条約は締結すべきだ」などと、話題は文学に限らず、歴史や外交、時事問題にも及んだ。父が話し、それを受けて私が自分の考えを述べる。

父は私が何を言おうと機嫌を損ねることはなかった。もともと社会問題に関心が強かった母も時々口をはさむ。討論会を毎日自宅でやっているような雰囲気だった。

物事の判断基準や、臆せずに自分の意見をいうという姿勢は、こうして家庭の食卓で身についていった。

荻窪小学校で（立っているのが筆者）

安保闘争　学内で討論会

――「何の効果もない」参加やめる

高校は東京都立西高に進んだ。友人も交え、古典、漢文を中心に学ぶ父との「読書会」は続けながら、勉強にも打ち込むようになった。私の中で読書と表裏一体になっていた「空想」に遊ぶ習慣は、当然のように続いていた。

やがて大学受験の時期を迎える。このころまでは自分の空想をもとに、将来は突出したマルチ人間になるつもりでいた。強い軍人であり、優れた科学者であり、かつ政治家でもある。そんなイメージだ。

さてそれには、どのような戦略で臨めばいいのか。「まずは大学で、自分が一番苦手な科学を勉強しよう。政治、軍事、外交はその後から学べばいい」との結論に至る。東大の理科一類を受け、工学部に行くと決めた。

ところが日比谷高校に通っていた中学時代の友人と話したことで、現実を知る。この男は天才的に数学ができた。「いま岩切晴二の『解析精義』で勉強しているのだが、数学の詰めはどうすればいいか」と尋ねると、友人は「理一程度なら解析精義で十分だろう。僕は小学校のときに上巻を終え、下巻は中学校ですませた」と言うではないか。

私の身近にでさえこんな才能のある人がいたのでは、全国から集まる秀才にはとても太刀打ちできそうにない。結局、理系はあきらめ、得意な文系に進むことにした。これをきっかけに、私の空想癖はずいぶん現実的なものになってしまった。

1959年4月、東大の文科一類に入った。世の中は、翌年に控えた日米安全保障条約改定に反対する運動で騒然としていた。学内には立て看板が並び、私のクラスでも討論会が開かれた。

寮の自治会の委員だった学生が教室の前に立ち、議長を務めている。「安保改定を阻止しなければならない。そのためには我々が街頭に出て、行動する必要がある。どうすればいいと思うか」と問う。

私は手を挙げ、発言した。「安保改定阻止という前に、安保条約とはどういうものなのか、日本の安全保障はどうあるべきなのか。まずその議論をした方がいい」

このときの議長の反応は忘れられない。あきらかに侮蔑とわかる表情を浮かべ、「君は随分遅れているね」。友人の一人が「僕も同じ意見だ」と私に賛同したが、とにかく「遅れている」のひと言ですまされ、討論会は終わった。

その後の昼休み、私のところへクラスメートが次々にやってきて、「実は僕も同じ意見なんだ」と口々に言う。「でも学校の先生も自治会も安保反対で固まっている。安保条約を一から議論しようと言うと白い目で見られそうなので、黙っていた」ということだった。

戦後になって言論の自由が確立されたといわれるが、果たしてそうだろうか。一度流れができてしまうと、多くの人が異なる意見は言いにくいと感じ、口を閉じてしまう。それは戦争の前もいまも、変わっていないように思う。

クラス討論会はその後もたびたび開かれ、「僕たち東大生は民衆の代わりに考えなくてはならない。その責務がある」というような、ばかばかしい議論をしていた。

そもそもこの場で何かを決めたところで、何の効果もないのである。そんな無意味な議論につき合うぐらいなら、映画でも見に行った方がましだ。そう思って私は、クラス討論会に出るのをやめにした。

入学式で（中央が筆者）

大学時代

父と二人　最後の読書会

——謡曲稽古、ゼミでは外交史

東大では法学部で学んだが、私は法律の勉強そのものにはあまり興味を持てなかった。面白いと思ったのは、岡義武先生の日本政治外交史。４年生の時には岡先生のゼミに入った。

学生が１人ずつ、明治以降の政治家や運動家の著書を与えられてリポートし、皆で議論する。私は黒龍会の内田良平と日本の中国大陸政策について報告したことを覚えている。

先生はエピソード主義に徹していた。「誰がどこで、どんな状況で、どう考えたか」を積み上げていく。私が小さいころから本を読んで抱いていた歴史のイメージとぴったり重なる。「歴史は思想や科学ではなく物語である」ということを改めて実感した。

１年生の秋に、日本文化研究会というサークルの「観世会」に入り、観世流の謡曲を始めた。稽古の場である「柏蔭舎」の座敷で居住まいを正せば、安保闘争に揺れる学内の喧噪《けんそう》が嘘のような静けさに包まれる。

毎週一回、本職の先生の指導で1時間ほど素謡《すうたい》をし、その後は、麻雀卓を囲んだり雑談を楽しんだり。謡は幼いころから古典の世界に親しんだ私の性にあっており、4年間稽古を続けた。

大学を卒業してばらばらになっていた旧友たちも、50歳を迎えたころには再び東京に戻ってきた。そこで師範の資格を取った仲間を先生に、新たなメンバーも加えて稽古を再開した。

遷宮のお祝いに、おとし二十数人で伊勢神宮に参り、「絵馬」という謡曲を奉納した。私は主役であるシテ方を務めた。こう書くといかにも立派に思われるかもしれないが、そこは素人芸である。長く座っていると皆、足がしびれて立てなくなるので、ヤマ場に限定した〝特別公演〟でお許しいただいた。

気の合う友達数人で、ふらりと出かけた旅行も忘れられない。「よし、あした行こう」と突然思い立ち、宿の手配もしないまま列車に乗る。行き先はきまって京都か奈良。仏像や庭を見て回った。

奈良の橿原には旅館がなく、「連れ込み旅館」に泊まった。学生服を着た男3人を見て、向こうもびっくりしていた。それでも、ほかの部屋の「声」が聞こえない一番端の部屋をあてがってもらい、一泊200円で素泊まりした。

あるときには「お寺なら安く泊めてくれるだろう」と、京都大学のすぐ近くにある百萬遍知恩寺という寺を訪ねた。「講堂の押し入れに布団がいっぱいありますから、どうぞ勝手に休んでください」と言われ、100畳はありそうな大広間に泊まった。あまりにがらんとしているので、部屋の真ん中で頭を寄せ合い、3人で放射線状になって寝た。

大学2年の夏休みに父と二人、お互いが好きな本を持ち寄って、木曽の山荘で1カ月ほどすごした。朝、目が覚めたらそれぞれ勝手に本を読む。食事のときは中断し、思いつくままに本の感想を述べ合う。そしてまた、別々に本を読む――。

振り返れば、幼い日に向き合って『論語』を朗誦《ろうしょう》し、友人も加えた読書会を続け、いつも父といっしょに本を読んできた。「間もなく自分も卒業して、社会人になる。二人きりの読書は、これが最後だろう」。そんなことを考えていた。この山荘の夏が、私にとっての親離れのときであった。

岡義武先生（右奥）とゼミの仲間（右手前が筆者）

国鉄入社式

十河総裁の言葉「有法子」

――「打開策はある」社員へ問う

1963年4月。私は幹部候補生である本社採用学士六十数人の1人として、東京・丸の内に完成したばかりの新本社ビルで入社式を迎えた。

就職先として国鉄を選んだきっかけは、前に書いた。落とした学生証を受け取りに行った東京・杉並の荻窪駅で、「出世が早い」と助役から勧められたのである。

国鉄は62年から、青田買いのような形で大学4年生に奨学金を出す制度を始めていた。大学の就職係から「国鉄に絶対行くというなら奨学生の名簿に入れてあげるが、どうするか」と聞かれ、とっさに「入れておいてください」と応じた。この時、私の職業人生が決まったのだった。

入社当時の総裁は十河《そごう》信二さん。技師長だった島秀雄さんとともに「新幹線の生みの親」といわれた人だ。

入社式では一人ひとりに辞令が手渡される。総裁の前に進んだ私は目に精いっぱいの力を込め、総裁の顔を見据えるようにして受け取った。

実は式の直前、秘書課の課長補佐だった吉井浩さん（後に国鉄常務理事）にこう言われていた。「十河さんは昔気質な人。辞令は十河さんをにらむようにして受け取りなさい。目を伏せると弱々しいやつだと思われるから」

6人合格した東大生で入社したのは私一人だったので、吉井さんには特別大切にしてもらったのだった。それで言われた通りにしたつもりだったのだが、その後の訓示で総裁は「きょう私は、線路を枕に討ち死にする同志を迎えるつもりで、一人ひとりの目を見て辞令を渡した。ところが皆、ひ弱な者ばかりで失望を禁じ得ない」と切り出した。

総裁はかつて南満州鉄道の理事を務めており、蔣介石やその幕僚とも親交があった。そのころ聞いた言葉を、自分の座右の銘としているので新入社員に贈るという。それが「どんな場合でも必ず打開策はある」という意味の「有法子《ユーファーズ》」だった。私はそのときにはただ、「大時代なことをいう人だなあ」という程度にしか聞いていなかった。

ところが十河さんは、私たちに辞令を手渡した1カ月後に国鉄を辞めてしまう。東海道新幹線の建設費が、当初の計画の倍近い3800億円に膨れあがったことが大きな理由の一つだった。

新幹線は翌年に開業を控えていたが、このころになっても国鉄の中では不要論や反対論が渦巻いていた。

なぜなら在来線は幅が狭い線路（狭軌）の上を走る。一方の新幹線は幅の広い標準軌を採用した。両者は線路の規格が違うのである。

このため「相互乗り入れができず、鉄道のネットワークとして成り立たない」「新幹線は十河、島の2人が勝手に始めた」などという話が公然と語られていた。

結局、十河さんも島さんも新幹線の開業を待たず、追放同然の形で国鉄を去る。本当に線路を枕に、討ち死にしてしまったのだ。

結果は言うまでもない。在来線と切り離すことで、新幹線は効率的で安全なシステムになった。その重要性について、いま疑問を持つ人はいないだろう。

国鉄最後の6年間、私はつねに「討ち死に」を覚悟していた。分割民営化というゴールはあっても、そこにたどり着く道筋はまったく見えない。日々戦略を練り、戦いながら荒野を手探りで進んだ。十河さんが問いかけた「有法子」が、まさに試されたわけである。

I　私の履歴書

十河信二・国鉄総裁（1962年、写真提供：共同通信社）

研修生活

安住した雰囲気を危惧

――「一生いるところか」募る焦り

入社式が終わると、東京・国分寺にあった中央鉄道学園に連れて行かれた。寮に泊まり込んでの研修生活の始まりである。研修期間は1年間。座学と、現場での実習が組み込まれていた。

ここでの生活は、私にとってカルチャーショックだった。まず制服、制帽の着用。授業が始まる前には、号令にあわせて起立・礼。「小学生みたいだなぁ」というのが最初の印象だ。

講義は、不都合な運賃制度、赤字線の建設、過度の関連事業規制など諸問題に及ぶが、何より教える側にここをこうしたいという熱意が感じられない。無力感とあきらめが滲《にじ》んでいた。

7月から当時の中国支社に配属され、広島での実習に入った。切符を売り、車掌を務め、小荷物を扱う。「見習い運転士」の辞令をもらい、蒸気機関車や電車も運転した。

もちろんすぐ後ろにプロの指導者が立つ。前方に人影が現れると、私が「あっ、どうしよう」などと思う間もなく手が出てきて、急ブレーキが引かれることになる。

初めて経験することばかりで、実習は興味深かった。職場の仲間意識は強く、居心地もいい。だが現状に安住したこんな雰囲気で、これから先の経営環境の変転に対処できるのかと、心配になる。自分がこの組織の中でどう役に立てるのかも、見通せない。

ここは私が一生いるところではない。やり直すなら早い方がいいのではないか。焦りが募る。しかし、「では何がやりたいのか」と問われると、わからないのだ。

東大に戻り、ゼミでお世話になった岡義武先生の助手になろうかとも考えた。大学を訪ねると、先生は「決意が固まったらまた来なさい。その時は相談に乗るから」と言ってくれたが、ただ迷っているだけの浮ついた気持ちは見抜かれていたように思う。

指導教官らに相談しても、当然、「辞めてどうしたいんだ」という話になる。「あと2〜3年すれば、君は地方の鉄道管理局の人事課長になり、20〜30人の部下を使って、1万〜2万人の組織の人事を切り盛りする立場になる。国鉄ならではの貴重な体験だ。そのうえで考えればよい」と説得された。

確かにそうかもしれない。入社時にお世話になった吉井さんに不義理をしたくもない。35歳までには自分を見極めよう、と考え直した。なんとも煮え切らないかぎりである。

研修が終わり、今度は本社の経理局で2年、旅客営業局で1年、「見習い学士」をやった。先輩課長補佐の助手のようなもので、指示された会社資料や議事録の作成など、何でもこなした。旅客局での1年間は都市交通係の係長として通勤路線複々線化の事務局をやった。いつも冷めた気持ちでいたように思う。

こんなわけで修羅場には向いていないと見られたからだろう。地方に人事課長として赴任する時期を迎えたころ、秘書課から思いがけない話があった。

「政府が国家公務員の留学制度を作った。国鉄からも選抜されるので、2週間後に行われる人事院の試験を受けるように」という。将来の可能性を広げる願ってもないチャンスだった。

この留学はその後の人生に大いに役に立つ、有意義なものになった。だがその直前、もっと大きな出来事があった。妻となる女性に出会ったのだ。

「見習い運転士」として乗務する

米国で新婚生活

一目ぼれ　留学前に結婚

――経済専攻　娘授かり公私充実

留学を前に結婚した。

話は尊敬する上司の吉井浩さんから来た。ある日、自宅に呼ばれ、後に妻となる省子《しょうこ》の写真と履歴を見せられたのである。吉井さんは「すでに顔を合わせたと聞いている。先方は乗り気だ。私の妻もとてもいい縁だと言っている」と私に薦めた。

実はそれに先立ち、国鉄の先輩で外務省に出向していた芥川鉄男さん（後の国鉄監察局長）の家に若手数人が招かれ、夕食をごちそうになったことがあった。外務省資料の英文和訳をしてあげたお礼であった。その時に妹が手伝いに来ているといって紹介されたのが省子だった。大学の４年生ということだった。

芥川兄妹の父、治氏は鉄道の世界の大先輩である。国鉄の前身の鉄道省に入り、下山定則・国鉄総裁が出勤途中に失踪し、轢《れき》死体《したい》で発見された下山事件（１９４９年）が起きたときに、鉄道公安局長を務めていた。

総裁と行動をともにする立場にあったことから、治氏は事件の責任を感じ、辞職する。その後は鉄道省の1年先輩だった佐藤栄作氏（後の首相）のはからいで、参議院事務総長や会計検査院長などを歴任した異色の人だった。

3人の子どもの名前に「鉄・道・省」の一文字ずつをつけたという点でも国鉄内では伝説の人である。長男が「鉄男」、長女は「道子」、そして末っ子が「省子」というわけだ。

長女の道子さんは、長年十河信二・国鉄総裁の秘書をしていた蔵田昭氏に嫁ぎ、長男である鉄男さんの妻は井手正敬さん（後のJR西日本会長）の妹というわけで、まったくの鉄道一家。その末端に連なるのは気詰まりに思えた。

吉井さんに正直に告げると「問題は本人だ。省子さんのことはどう思うんだ」と詰められた。「本人は大変魅力的な人でした」と答えると「それなら何も迷う必要はない」と強引である。一目ぼれしていたのだろう。とっさに「よろしくお願いします」と言って決めてしまった。

後で妻から聞いて分かったことだが、「先方は乗り気だ」というのは仲人口で、本人はまだ結婚など考えていなかったようだ。私が「ぜひに」と望んでいるからと言って周りで説得してしまったらしい。

省子と出会ったのが66年の秋。留学の時期が迫っていたので年末に結納をすませ、翌年5月に結婚式を挙げた。私が26歳、省子は22歳。慌ただしく7月には日本をたち、大学のある米国ウィスコンシン州の州都マディソン市で新婚生活を送ることになった。

留学先は、ウィスコンシン大学の経済学部。ここに決めた理由は、国鉄の先輩から「あそこには義兄の郡司宏夫妻がいる」と薦められたからだ。郡司宏さんは数学の教授で、夫妻には本当にお世話になった。おかげで慣れない環境の米国での生活に、すぐに順応することができた。

99年に大学150周年の卒業生表彰を受け、30年ぶりに訪れたマディソンでお元気な郡司夫妻に再会。昔を懐かしんだ。

米国への留学は貴重な経験になった。学問としてみれば、経済学の入り口をのぞいた程度にすぎない。それでもその後、国鉄分割民営化の仕組みを考え、まわりの人たちを説得する場面で大いに役立つツールを手にすることができた。

この地で長女も授かり、2年間の留学は公私ともに充実した毎日だった。

留学先の米ウィスコンシン州で妻、長女と

早晩行き詰まると実感

――値上げや合理化に政治の壁

国鉄に残るべきか、辞めるべきか。米国に留学するまでは、私にはまだ色々な道があると思っていた。そもそも留学自体、自分の将来の選択の幅を広げるつもりで受けたのだ。

異郷の地に渡り、慣れない英語で、未知の学問である経済学の学位をとった。「どこに行っても何とかなるのではないか」。幻想のような、自己暗示のような自信を胸に1969年、帰国した。

ところが戻ってみると、もう、そんなのんきなことを言っていられる状況ではなくなっていた。留学に出る直前の66年に国鉄は累積赤字に陥っており、帰国した年には第1次再建計画がスタートした。とにかく毎日、目の前の仕事をこなさなくてはならない。

10年にわたる再建計画は、最初の1～2年だけは大赤字である現状を反映した内容になっている。だが最終年の10年目には再建できていなければならないので、3年目あたりから急に設備投資や合理化の効果が出て、収入が伸びていくストーリーが描かれている。典型的な先送りの手法だ。計画の作成にかかわった先輩は、最初から「これは2年しかもたない計画なんだ」と平然と話していた。

名古屋鉄道管理局の貨物課長を経て、71年2月、新設された経営計画室の主任部員として本社に戻った。〝予定通り〟第1次再建計画は3年で破綻し、72年から始まる新しい10年計画が検討され始めたところだった。私はここで3年間、長期収支の試算を担当した。

続く3年間は経理局に移り、予算の要求と執行に携わる。私は本社でのこの6年間の仕事を通して、このままでは早晩、国鉄が立ち行かなくなることを実感した。

それは公共企業体である国鉄の宿命でもあった。運賃や賃金、設備投資など、重要なことはすべて国会で決められるのだ。経営の根幹が政局や世論に左右されるといっていい。だから運賃の値上げや赤字路線の廃止、要員の合理化などやるべきことが明確に分かっていても、すべてが不十分、不徹底、時期遅れになる。

新たにできた第2次再建計画も、問題を10年後に先送りするものでしかなかった。それでさえ沖縄返還をめぐる与野党の争いや自民党内の政権抗争に翻弄され、運賃改定のための法案が廃案になる。列島改造論による土地投機や狂乱物価の影響で計画はさらに延期され、「ようやく始まったときにはもう手遅れ」というありさまだった。

さすがに追い詰められた政府与党は、76、77年度に2年続けて運賃を50％ずつ値上げし、2年間で運賃を倍にする思い切った計画を打ち出した。だがこれも1度目だけで終わる。値上げへの利用者の反応は厳しく、旅客が自動車や航空機に逃げ、鉄道離れが大きく進んでしまったのだ。

国鉄の経営は火の車だったが、過去債務2・5兆円の棚上げ、国による赤字ローカル線助成が実現するなど、前進もないわけではなかった。私はまだ、いまの経営形態のままで国鉄が再建できるという希望を持っていた。

そんな状況の中、私は初めて労務の責任者として、地方に赴任することになった。静岡鉄道管理局総務部長へ転出したのである。

しかしそこには、予算とは全く別の深刻な問題が待ち受けていたのだ。国鉄の現場では経営側と労働組合が癒着し、職場の規律は弛緩《しかん》していた。

I　私の履歴書

旧国鉄本社ビル（東京・丸の内、写真提供：日本経済新聞社）

動労、「病気」で集団欠勤

――運行ピンチ、筋通し要員確保

静岡鉄道管理局の総務部長に就任したのは1977年2月。局のナンバー2で、人事や労務の責任者である。これ以降、国鉄の終焉《しゅうえん》まで、私は、労務問題に深くかかわることになる。

当時、国鉄には国鉄労働組合（国労）、国鉄動力車労働組合（動労）、鉄道労働組合（鉄労）の3つの主要な組合があった。最大の組織は組合員25万人を擁する国労で、戦闘的な動労と穏健な鉄労がそれぞれ5万人と6万人といったところだった。

「葛西君、一つだけお願いがある」。着任早々、本社の運転局にいる旧知の課長補佐から電話があった。一度内命された新人一人の配属先を替えるよう、動労が求めているという。

初めて労務を担当する私にとって、最初の試練であった。人事は経営権の根幹であり、筋の通らない話には応じられない。「それは無理だ」と拒んだ。

本社としては、運転職場の7割を組織する動労ともめたくないのだ。「動労が怒ってストライキをやったらどうする。あなたは自分のメンツのために何十万人のお客さんに迷惑をかけてもいいのか」と重ねて発令替えを求める。

私は「いま人事を曲げれば、これから10年、20年にわたって組合の人事介入を許すことになる。その結果、もっと多くのお客さんに迷惑をかける」と突っぱねた。「そうか。どんなことがあっても知らないぞ」と、電話は切れた。

1時間もしないうちに、今度は東京の動労本部の副委員長から電話が入った。同じ用件である。私が改めて断ると、穏やかだった口調が一変した。「おまえとは話してもダメらしいな。後は戦場でまみえよう」

しばらくして翌日の列車に乗務する予定の動労の組合員30人ほどが、「頭が痛い」「腹が痛い」と、次々に医者の診断書を持って休みを申請してきた。このままでは列車の運行に影響が出る。しかし、丸く収めようとして譲れば、際限のない連鎖反応が起こる。筋論で押すしかない。

動労の職員が出勤できないなら、非番の国労職員に乗務させればいいのだが、これが難題だった。国労も「動労が仕掛けたストライキのスト破りをした」とは言われたくないからだ。

非番の国労職員に乗務させるよう部下に指示すると、案の定、みな驚いた顔で尻込みする。だが下がるわけにはいかない。乗務指示を出す直前、国労の運転系統の実力者と電話で話をした。「不当な動労の要求を退け、かつ安定した運行を損なわないためには非番の国労職員に乗務してもらうしかない」と話した。

彼は「わかった。しかし2時間待ってくれ」と言う。1時間後に電話があり、「いつでも指示していただいて結構」とのことだった。結局、国労の職員たちが代わりに乗務することが決まった。

すると今度は、動労の職員から「頭痛が治った」「腹痛も治った」と連絡が相次ぐ。「あしたは出勤できる」と口々に言うので、「要員は確保した。安心して養生するように」と休ませた。

私は自らの職を賭するつもりでこの問題に対処したが、国労の指導者もその立場を賭けての判断をしたはずである。立場は違っても自らの信念に忠実であるという一点で、不思議な信頼関係が芽生えた。立場を超えた付き合いは、彼が亡くなるまで続いた。

静岡鉄道管理局総務部長時代の新年会

激戦地の仙台

働かぬ分は賃金カット

――国労に妥協せず悪慣行廃止

人事や管理権への介入は許さない。静岡鉄道管理局の総務部長として、私は一切の妥協をせず、労働組合と向き合った。ただそのころの静岡が、国鉄の中で特に荒れた職場だったわけではない。

「激戦地」は仙台だった。全国的には国鉄労働組合（国労）が組合員全体の7割程度を占める中、仙台鉄道管理局では鉄道労働組合（鉄労）と国労の勢力が拮抗していた。このため仙台の国労は、組織を全国並みに拡大しようとやっきになっていたのだ。一方の鉄労は協調的な労使関係を目指す穏健な組合である。

そこで国労は鉄労に圧力をかけるとともに、列車の運行を人質にとって、現場で業務の妨害を繰り返す。何とか事態を収めたい駅の助役らは、国労側の理不尽な要求をのんでしまう。そうやって国労は管理者を自分たちの言いなりにし、鉄労つぶしに加担させようとしていた。

加えて3年後には東北新幹線が開業する。要員合理化など、労組と協議すべきことは山のようにあった。

1979年3月。私はその仙台局総務部長の発令を受けた。「タカ派の部長が来たら、目にものを見せてやる」。赴任が決まるとすぐに、仙台の国労委員長が息巻いているという話が伝わってきた。「武運を祈る」と本社の先輩に送られ、降り立った仙台駅にはみぞれが舞っていた。

仙台の現場はどうなっていたか――。たとえば、21人の要員がいた会津若松保線区内の支区では、1年間に行われた業務は21本の枕木の交換だけだった。ほかに何をしていたかというと、一日中点呼を繰り返していたのだ。

朝の点呼で、助役がある地点の線路の保守を指示する。すると組合員が「指示は具体的に行う」という取り決めを盾にとって、「そこの地形はどうなっているのか」「待避するときはどこへ逃げるのか」「逃げる際にはどちらの足から逃げるのか」などと問い詰める。助役が口ごもると、「おまえは労働者が列車にひかれてもいいと思っているのだな」と糾弾が始まる――。

支区では風呂を焚《た》くために、専従の職員1名が配置されていた。以前はアルバイトを雇っていたのだが、あるとき作業が終わって風呂に入ろうとしたら、熱くて入れない。「外部の人間は労働者への共感が足りない」ので、それ以来職員を充てることになったのだという。

現場だけで結んだ協定によるこうした悪慣行は、現場長や助役を大勢で取り囲んで威嚇し、強引に認めさせたものだ。法的な効果などない。そこで私はその一つ一つを数え上げ、「あしたからないものとする」と通告した。組合側は「労使が話し合って決めたものを一方的に破棄するつもりか」と激しく反発した。

今まで通り強い態度で押せば、会社側は折れる。組合はそう思っていたのかもしれない。だが私は妥協するつもりなどない。「破棄ではない。はじめから無効なんだ」と蹴飛ばした。

それから、あちこちで起きる反乱を鎮圧して回る日々が始まった。「正当に働くように」と指示すると、組合員が「そのような命令には従わない」と無断欠勤したり、仕事をさぼったりする。これに対して私は、「働いていない分は支払わない」と、片っ端から賃金をカットしていった。

仙台鉄道管理局での年頭挨拶（右端が筆者）

本社も「やり過ぎ」に困惑

――国労が「栄転」運動　東京へ戻る

現場にはびこる悪慣行をやめさせ、国鉄労働組合（国労）に徹底した信賞必罰で臨んだ結果、賃金カットの山が築かれた。もともと先鋭的な活動家は一握りしかいない。賃金をカットされれば生活にも響くはずだ。組合員の間には動揺が広がっていった。

妥協しない私のやり方に、仙台の国労も東京の国労本部も驚いたようだ。同じように驚き、困惑したのが、国鉄本社の職員局だった。「悪慣行とはいっても労使で決めたことだから、やめるならちゃんと手続きを踏むべきだ」と忠告してきた。

組合が複数あるため経営がうまくいかないと考えていた当時の職員局は、組合を国労一本にまとめたいという意向を持っていた。だが私の目の前で日々問題を起こしているのは、その国労なのだ。

このまま厳しい態度をとり続ければ、国労を第一に考える職員局と正面からぶつかる。

かといって、本社の方針にしたがって国労と仲良くやれば、真面目に働いている鉄道労働組合（鉄労）の職員や助役たちを裏切ることになる。

うまく泳いで、任期をやりすごす手もあるかもしれない。だが国鉄のキャリア組である私たちが筋の通らない組合の要求に屈したり、水面下で労組幹部と手を握ったりしてきた結果が、いまの現場の惨状なのだ。鉄道を管理する視点から見て「正しいかどうか」という物差しを変えるわけにはいかない。

「正式な協定にもとづくものなら尊重します。でも私が問題にしているのは現場の管理者が脅され、無理やり決めさせられた慣行。法的に無効なものです」。本社にはこう説明し、従わなかった。

その後もたびたび指導や要請があった。「とにかく本社に迷惑がかからないようにしてほしい。おかげで組合との東北新幹線の交渉が止まっている」とも言われたが、是々非々で臨むだけである。

本社を敵に回しているというプレッシャーはなかった。それまでキャリア組に不信感を持っていた部下たちが、私についてきてくれている。現場にいる良識的な組合員たちも同じだ。だれが安定した鉄道の運行を妨げているのかは明らかなのだから、徹底的にやるまでだ。

仙台鉄道管理局での勤務は、私の鉄道人生のターニングポイントになった。組織の方針や価値観にとらわれずに実態を見極め、自分が正しいと思うことをやる。この姿勢を貫くことで、私は自立した。

「このまま葛西に仙台にいられては困る。とにかくもう本社に帰してくれ」。いよいよ危機感を募らせた国労は、私の「栄転」運動を始めた。新たな職場でまた摩擦を起こすことのないよう、お金と権限のない部署に栄転を、というのが国労の要請だった。

しばらくして本社よりも早く、国労の幹部から〝内示〟があった。「葛西さん、栄転先が決まったよ。経営計画室だってさ」。私は就任時に与えられた課題である東北新幹線の開業を見届けることなく、予定より1年早く仙台を去ることになった。

国労が要請した通り、そのころの経営計画室には大きな仕事はなかった。ところがこの異動によって偶然にも、国鉄の行く末を左右する極めて重要な鍵《かぎ》を握ることになる。

1981年4月、私は東京の国鉄本社に戻った。

仙台鉄道管理局総務部長時代の会議（右が筆者）

経営計画室へ

「第二臨調担当」が天祐に
――分割民営化へ、同志集め勉強

本社勤務は4年ぶりだ。仙台で国鉄労働組合（国労）と繰り広げた戦いは当然、知れわたっていた。皆の顔に、「トラブルメーカーが帰ってきた」と書いてある。国労との協調路線をとる職員局は、特に冷ややかだった。

私が主幹の肩書で戻った経営計画室に、大きな仕事はないはずだった。ところがこの閑職に「第二次臨時行政調査会（第二臨調）担当総裁室調査役」という兼務がついていた。これがまさに天祐《てんゆう》だったのだ。

第二臨調は当時の鈴木善幸内閣が「増税なき財政再建」を掲げて設けた審議会だ。担当大臣は後に首相となる中曽根康弘さん、会長は石川島播磨重工業や東芝の社長を務めた土光敏夫さん。第二臨調に対する世の中の期待は高まっていた。

ただ国鉄については、臨調ができた後に再建計画が運輸大臣認可されている。したがって臨調が改めて国鉄問題を取り上げる余地はない。だれもがそう思い込んでいた。

たしかに、私が東京に戻った直後の1981年5月に「国鉄最後の再建計画」と銘打たれた5カ年計画がスタートした。しかしそれは、始まった時にはすでに破綻していた。初年度の資金支出は6兆円、そのうち営業収入で賄えるのは3兆円、政府助成7千億円を加えても2兆3千億円を借金で補うことになっていた。翌82年には東北・上越新幹線が開業し、赤字はさらに膨らむ。

このまま行けば早晩のたれ死にすることは明らかだ。それなのに国鉄内部には、再建計画スタートで一息つける、といった雰囲気が漂っていた。

私の中で「やるべきこと」は、もうはっきりしていた。分割民営化だ。

国鉄を再生させるには、過去を切り離すしかない。営業収入3兆円の85%は40万人にのぼる職員の給料支払いに消えてしまう。労務管理に対する政治介入のツケであった。まずこれを私鉄並みの20万人以下に削減しなければならない。適時適切な運賃値上げを政治が押さえ込んだ結果16兆円まで積み重なった借金は政府に背負ってもらう。そのうえで、新たな借金を増やさない担保として民営化する。

民営化するためには、地域分割が不可欠だ。これまでの全国一律運賃は東京の国電や東海道新幹線の利潤で地方路線の赤字を埋める仕組みである。そのために、首都圏の運賃は私鉄の2倍、東京―大阪間の新幹線の運賃・料金はコストの2倍となってしまった。その結果、航空機がみせかけの競争力を持つに至った。これを改めるためには地域のコスト特性に即した運賃と賃金にしなければならない。

私は目玉となる成果がほしい臨調に国鉄改革というテーマを提供し、分割民営化を国策にしてしまおう、臨調人気が高まっているいまを逃して、国鉄を救う道はないと考えた。

「国鉄再建が臨調の主題となる場合に備える」という名分のもとに、社内に非公式の勉強会を作った。かつての部下を中心に、7～8人の若手が集まる。

常務理事の吉井浩さんや文書課長の室賀實さん（後の常務理事）など私の考えを支持してくれる上司もいたため、非公式の勉強会は社内の会議室で公然と開いた。

問題は、どうすれば第二臨調が食いついてくれるかだ。

臨調初会合であいさつする鈴木善幸首相（中央、写真提供：共同通信社）

瀬島氏と密会、意義力説
――「目玉政策になる」解決案託す

第二次臨時行政調査会（第二臨調）は1981年4月から、各省庁へのヒアリングを始めた。5月上旬、私は妹夫婦の仲人で臨調委員の瀬島龍三さんにひそかに接触した。瀬島さんは大戦中は大本営作戦参謀、戦後は伊藤忠商事会長などを歴任し、「昭和の参謀」と評されていた。臨調の担当大臣で、その後首相になる中曽根康弘さんとの関係も深い。第二臨調の作戦参謀もまた、瀬島さんであるとみられていた。

この時が実質的な初対面だったが、もの静かで怜悧《れいり》な人という印象だった。私は「最後の再建計画」はつくられたばかりだが、すでに破綻していると断言し、こう力説した。「国鉄問題こそが、臨調の最大の成果になるはずです」

臨調から国鉄への「正式」なヒアリングにも対応した。こちらは運輸省の課長補佐が説明する場に同席し、必要なときだけ補足説明をする立場だ。臨調側の担当は行政管理庁（当時）から拓殖大教授になった田中一昭さん。

田中さんが「再建計画はうまくいきますか」と尋ねる。自分たちの認可した計画だから、運輸省は当然「うまくいきます」と答える。横から発言しようとすると課長補佐がテーブルの下で私の足を蹴る。

この様子は丸見えだったようだ。しばらくして田中さんから私に連絡があり、国鉄問題担当の部会長だった加藤寛さん（当時、慶応大教授）と引き合わされた。

7月に出た臨調の第1次答申では、国鉄については「経営改善計画の早期かつ着実な実施を図る」と触れる程度にとどまっていた。私は引き続き加藤、田中氏らと秘密裏に会い、説得を重ねた。

翌年の本答申に向け、臨調内の議論が本格化する直前の9月、私は「国鉄問題の解決策について」と題したペーパーを懐に、瀬島さんの事務所を訪ねた。

一通り説明を聞いた瀬島さんは、「わかった。これは私が預かろう」と言って受け取った。瀬島さんとの接触については私限りのこととし、臨調第四部会メンバーにも一切話さないことにした。皆に話せば「瀬島プラン」ではなくなってしまう。瀬島プランである方が臨調にとっても、次の首相をうかがう中曽根さんにとっても乗りやすいはずだ。

臨調への働きかけと並行する形で、当時、自民党の交通部会長だった三塚博さんのもとへも通った。宮城が地盤の三塚さんとは、仙台勤務時代にすでに面識があった。

翌82年2月、自民党の中に国鉄問題を考える「三塚委員会」が立ち上がる。当時はまだ分割民営化に距離を置いていた井手正敬さんや松田昌士さん（後のJR東日本会長）の2人とともに、三塚委員会を支えた。

秘密の事務局だから、出勤前に三塚さんが使っている東京・永田町のビルに集まり、打ち合わせをして解散。仕事の後、再び集まって深夜まで作業。そんな日々が続く。

職場規律の実態を知るため、三塚委員会は現場の管理者に匿名のアンケート調査をした。集まった回答の余白に書かれた自由記述からは、労組が次々と持ち出す無理難題に翻弄され、プライドも持てず、管理局と現場の板挟みで苦悶《くもん》する現場幹部の悔しさが滲《にじ》み出ていた。

読み進めるうち、静岡や仙台でいっしょに戦った部下たちの顔が浮かんできた。私が涙を流したのは国鉄改革を通じてこの時一度だけである。

臨調委員を務めた瀬島龍三さん
（写真提供：共同通信社）

第二臨調答申

5年以内の民営化提言

――新規採用停止で労組が対立

自民党内で国鉄問題を検討していた三塚委員会は、職場の規律確立を求める中間答申に続き、1982年7月、本答申を発表した。

まず、できあがったばかりの「国鉄最後の再建計画」を全力で実行する。それでもうまくいかなければ、分割民営化して再生を目指す――という二段構えの内容になっている。この中間答申と本答申の作文は、私が担当した。

国鉄は分割し、民営化する。もう、これ以外に救う道はないのだ。頭の中に次々と言葉が浮かんできて、書く手が追いつかない。一晩で仕上げて三塚さんに見せると、「僕の思っている通りだ」。そのまま公表された。

同じ7月、今度は第二臨調が基本答申を出す。「国鉄は5年以内に分割民営化する」と、より踏み込んだ表現になっている。

実は臨調内には、自分たちで国鉄分割民営化の具体的なプランを示したいという思いがあった。しかし、ある国鉄首脳は、「臨調の素人が1年も勉強しないで考えた分割案など、あっという間にたたきつぶしてやる」とうそぶいていた。

そこで臨調の事務局である田中一昭さんに、「臨調は大きな方向だけを示すべきです。具体案は総理大臣の下に専門の審議機関をつくり、適材を集め、時間をかけてやりましょう」とアドバイスした。

しかし5年の間、審議をしているだけでは世間の熱気が冷めてしまう。即効性と持続性のある決め手として、新規採用を全面停止するよう提案した。時あたかも、終戦直後に政府の雇用政策に協力して大量採用した人々が退職時期を迎えていた。要員削減の好機であり、分割民営化すれば新規採用が再開されるという「明るい出口」にもなる。

田中さんはこの考えに乗ってくれた。臨調の第四部会部会長だった加藤寛さんも賛同し、実践的な答申ができ上がった。

この答申を受けて国鉄再建監理委員会が設けられ、2年かけて分割民営化に向けた具体的なプランが検討されることになった。ついに国鉄が分割民営化へと動き出す形が整った。

臨調の基本答申に盛り込まれた新規採用の全面停止は、合理化に対する労働組合のスタンスに決定的な変化をもたらした。運転士の7割を組織する国鉄動力車労働組合（動労）は、それまで組織の維持・拡大のために、一方で合理化を拒否し、もう一方で新入社員を運転士の卵として育てる道を確保していたが、それが断たれることになったのだ。つまり、退職した運転士の後釜は、動労組織がない駅員・車掌からの転換養成で補充するしかなくなったのである。そこで動労は、運転士の働き度を徹底的に上げて、転換養成を不要とする方向に転じた。合理化について、動労は賛成、国鉄労働組合（国労）は反対と180度利害が対立し、お互いが仇《かたき》同士になったのである。

だがこの段階になっても、ほとんどの人々は分割民営化は絵空事だと見ていた。政府も不退転というまでの覚悟はない。野党や労働組合は激しく抵抗するだろう。そもそも、肝心の国鉄自身が断固現状維持なのだ。

国鉄改革は長い道のりのとば口に立ったにすぎない。分割民営化をなし遂げるのは、依然、針の穴を通すような困難なものに思えた。

三塚博さん（左）と筆者夫婦

「K-M」分断

反対派が圧力、干される

――三塚氏の改革本は禁書扱い

1982年7月、第二次臨時行政調査会（第二臨調）が「国鉄分割民営化」の方針を打ち出したことで、分割に反対する国鉄の上層部は危機感を強めた。

83年6月、臨調の答申を受けて国鉄再建監理委員会が設置され、分割民営化の具体案作りが始まった。2年後に総理大臣に答申する予定であった。この委員会の鍵を握るのは、委員長で住友電気工業会長だった亀井正夫さん、委員長代理で臨調の担当部会長も務めた加藤寛さん、事務局次長として運輸省から来た林淳司さん――の3人だ。

職員課長になっていた私は、要員合理化施策を中心に全ての面で監理委員会の作業をバックアップした。

84年7月、三塚博さんが『国鉄を再建する方法はこれしかない』という本を出版し、87年の分割民営化を一層鮮明にした。これにも、三塚さんの要請を受け、私たちは水面下で協力した。国鉄労働組合（国労）は「三塚委員会の背後にはＫＩＭ（キム）がいる」という噂を流布し、国鉄内部でも公然の秘密となっていた。葛西（Ｋ）、井手正敬（Ｉ）、松田昌士（Ｍ）のイニシャルを並べたものだ。

そして三塚本は国鉄内で禁書扱いとなる。84年9月には、井手秘書課長が東京西鉄道管理局長に飛ばされるとともに、総裁以下の全重役によって、「分割民営化しなくてもやっていける」という独自の再建案作りが始まった。重役の勉強会は週1～2回のペースで進められ、12月末に「経営改革のための基本方策」が完成した。そのポイントは、①過去債務の肩代わりなど、政府助成を大幅に増やし、国鉄を民営化して特殊会社化する②要員合理化は進めるが、賃金は国鉄と同様、第三者機関の裁定に委ね、民間並みを確保する③分割はせず、赤字線は路線ごとに子会社化する④計画期間は87年ではなく、90年までとする、という虫のよい問題先送り案であった。国鉄首脳はこの案を向かい火として各界を回して歩き、手ごたえありとしていた。

この間、監理委員会との窓口役だった経営計画室の松田さんも85年3月、北海道総局に飛ばされる。若手も何人かが地方へ追放された。

「一番危ない」はずの私は、目の届くところに置いたまま直接抑え込んだ方がいいと判断されたようで、職員課長のまま据え置かれた。だが職員局の幹部打ち合わせに1人だけ呼ばれないなど、完全に干された状態が続く。

いよいよ7月末には、国鉄再建監理委員会による答申が予定されている。5月のある日、私は瀬島龍三さんを訪ね、国鉄内部の情勢を説明した。「監理委員会の答申が出ても、いまの体制では面従腹背のまま何も進まない。人事の刷新が必要です」と訴えた。

瀬島さんは「重役がある日全員いなくなったら、国鉄の輸送は大混乱するだろうか」と聞く。私は「重役がいなくたって、列車は毎日同じように動きますよ」と答えた。瀬島さんは「そうか。1カ月ぐらい止まるかと思っていたのだが」と、少し安心したような表情を浮かべた。そのあと瀬島さんは私が更迭すべしとした5人について、一人一人どんな人物か、自分の予め聞いていた評判をもとに尋ねた。

帰り際、その日に限って瀬島さんがエレベーターの前まで送ってくれた。意外に思った私に、瀬島さんはこう言った。「覚悟を決めてやりたまえ。国家は君たちを見捨てるようなことはしない」

国鉄首脳から意見を聴く国鉄再建監理委員会（写真提供：共同通信社）

総裁が辞表、経営陣更迭

——首相に刷新を迫った亀井氏

改革派を排除する動きは一段と強まっていた。私が課長として率いる職員課は、課全体が丸ごと孤立しているような状態だった。

組織内で争えば、人事権を持っている方が強い。「国鉄改革をめぐる戦いはこちらの負けということか……」。私はそう思い始めていた。

だがこれまでやってきたことは、権力闘争などでは断じてない。私たちは弥縫《びほう》策をよしとせず、抜本策を求めた。国鉄のため、国のため、戦ってきたのだ。負け戦になっても、これだけは明らかにしておかなければならない。

「この際、名乗りをあげて大義名分を世に明らかにし、戦いの意味を残すべきではないか」——。だが私の提案は、仲間たちを尻込みさせた。「過激すぎる」「組織の秩序を乱したと言われる」というのである。

特に若手の一部に慎重論が強かった。彼らは形勢が決定的に不利になれば、乗り換えられるようにしておきたいと思っているようだった。「改革派」などと言っても、一枚岩ではないことを実感する。

それでも、20人が自筆で署名し、意見書はできあがった。当時の中曽根康弘首相や国鉄再建監理委員会の亀井正夫委員長に手渡すつもりでいたところ、その亀井委員長から、私たちに夕食の招きがあった。再建監理委員会事務局の林淳司さんが段取りを付けてくれたのだった。

食事会では、皆がそれぞれに国鉄改革への思いを語った。意見書も見てもらい、全員の署名がそろったらお渡ししたいと話した。亀井さんはうなずいて、「よく分かりました」と言った。

意見書をどうするか。考えをめぐらせていたら、事態は急変する――。

ある朝、いつものように出勤すると、エレベーターで分割民営化反対の中心人物である副総裁と乗り合わせた。私の顔を見るなり「君たちの行動力には脱帽する。負けたよ」と話しかけてきた。ほかにも多くの職員が乗り合わせているのが目に入らないかのような、切迫した口調だった。副総裁はそのまま先に降り、残された私には、何のことかわからなかった。

1週間後、突然、仁杉巖総裁が中曽根首相に辞表を出した。首相は仁杉さんの辞表を差し戻して、全重役の辞表と共に改めて持ってくるよう指示したという。

間髪入れず、杉浦喬也元運輸次官が後任の総裁に決まる。杉浦さんは重役全員と面接し、結局仁杉さんのほかに6人の辞表が受理され更迭となった。

後に聞いたところでは、私たちとの夕食会からほどなく、亀井委員長が中曽根首相を訪ねて、「国鉄の経営陣が刷新されなければ、どんな答申を書いても実行されない。実施されない答申なら私は書かない。代わりに辞表を出す」と言って、人事の刷新を迫ったのだという。

首相の周辺では、更迭する幹部の人数をいたずらに増やしても世間の耳目を集めるだけだから、仁杉総裁に加えて、分割民営化反対の中心人物である副総裁と、労務担当常務理事の3人だけを辞めさせるという案もあったという。それを「決断するなら中途半端ではなく、徹底した方がよい」と主張したのが瀬島龍三さんだったという。

再建監理委員会が分割民営化の最終答申を出したのは、更迭劇の1カ月ほど後のことだ。

国鉄再建監理委員会の亀井正夫委員長（中央、写真提供：共同通信社）

特別チーム

10万人削減、期限は1年

——幹部の頭越しに総裁へ提言

国鉄を分割民営化し、1987年4月に本州3社（東日本、東海、西日本）と島3社（北海道、九州、四国）、さらに貨物の1社を発足させる。

国鉄再建監理委員会が打ち出した最終答申は、私たちが委員会の事務局と作り上げてきた構想に沿った形になった。国鉄上層部の人事も刷新され、苦しい戦いを強いられてきた私は、突然視界が開けたように感じた。

それでも道のりはなお遠い。更迭された重役の後に就いた局長クラスは、民営化はともかく「分割」には反対だった。どうしたら改革に向けて力を結集できるかが、次の課題である。

秘書（人事）・文書（組織）・主計（予算）という主要三課長のポストは、依然として分割民営化反対派に押さえられている。差し替えようとすると、強い抵抗にあう。こんなところで限られた時間とエネルギーを浪費してはいられない。

「タスクフォース（特別チーム）方式で行こう」。私は発想を転換した。三課長などは確かに重要なポストだが、これらは平時の国鉄組織を動かすための部署であり、分割民営化という非常時対応を前提としたものではない。

重要なのは、要員の削減や余剰人員の雇用、ＪＲ各社への職員の振り分けなどだ。とすれば主要課長の人事には手を付けず、信念で結ばれた仲間が総裁の下で機動的かつ創造的に動いて改革を進めればいい。

東京西鉄道管理局長に出されていた井手正敬さんが総裁室審議役（後に総裁室長）に戻ってきた。私は職員課長。そこで、新会社の組織をどうするか等は井手さんが、要員の問題は私が責任を持つ。この2つのチームが分担し、連携して進めることにした。

特別チームは総裁の手足である。少人数が随時総裁室に集まって検討し、次々実行に移す。組織規程上どこにも存在せず、何の権限もない2つのチームが、分割民営化という最重要課題を一手に引き受け、総裁に提案し決めていった。

抜本改革を望まない幹部たちは、主要課長を押さえておけば改革の動きを止められると思っていたようだ。だが実際には、彼らは置いてきぼりにされたのだった。そのことに気が付いた時、分割反対派は急速に力を失っていった。

いよいよ私たち職員局にとって「正面の戦い」である余剰人員対策が本格化する。再建監理委員会が求める新会社の要員は計21万5千人。約10万人の合理化が必要となる。しかも87年の新会社スタートから逆算すると、1年ほどしか時間はない。

いかに難しい問題であるかは、容易に想像がつく。杉浦喬也総裁は国鉄OBとの結束を図ろうと、8月のある日、本社大会議室で現役の幹部らとの昼食懇談会を開いた。

「君が葛西君か」。かつて総裁だった磯崎叡さんが話しかけてきた。「49年に10万人の要員削減をやった時、私はいまの君と同じ職員課長だった。その結果、下山総裁の事件が起きたんだ」

連合国軍総司令部（GHQ）の命令で始まった大規模な要員削減のさなかに、下山総裁が遺体で発見された。いまだ自殺、他殺両説が乱れ飛ぶ、戦後史の謎である。

磯崎さんは冷ややかな口調で、さらに続けた。「覚悟はあるんだろうな。君はこの時代に何人総裁を殺すつもりなんだ」

杉浦喬也・国鉄総裁（右）と

合理化提案

再雇用、主導権握り達成

――協力拒んだ国労は力を失う

国鉄改革の主戦場である労務・要員対策を担うのは、私が職員課長（後に局次長）を務める職員局である。

「誰一人として改革により路頭に迷わせない」。国鉄の分割民営化に向け、政府は公約を掲げた。

政府が公的部門で採用すると約束していたのは3万人。霞が関では分割民営化に未《いま》だ懐疑的で、余剰人員対策についても様子見だったが、中曽根康弘首相と後藤田正晴総務庁（当時）長官が自らの退路を断つような強い決意を示す。後藤田さんの古巣の警察庁が国鉄の鉄道公安官3千人を警察官として採用すると決定したのだ。

一方職員局は、1985年10月、過去に例を見ない「10万人合理化計画」を各労組に提案した。最大労組の国鉄労働組合（国労）は断固反対だが、新規採用停止を契機に国鉄動力車労働組合（動労）は賛成にまわっていた。

合理化施策を推進する際の鍵は、大義名分と不動の意志である。労働法の原則に立ち返り、誠心誠意交渉はやるが、施策の内容や実施のタイミングは経営責任をとる者が決断することにした。それでも、国労と動労が束になって反対したら、立ち往生しただろう。

合理化提案に続いて全職員を対象に、どの会社に勤めたいかを聞くアンケートを実施した。分割民営化の法案さえ提出されていない段階での、異例のフライングだった。

さらに次の一手として、労使共同宣言の締結を申し入れた。「合理化に協力する」「職場規律を保つ」「ストライキはやらない」「お客様に不快感を与えない」――。共同宣言の内容は、1年前ならとても口に出せなかっただろう。

86年1月、まず国労を総裁室に招じ入れ、共同宣言を提案した。

「これはなんだね」。部屋に入って来た国労の委員長以下は、座ろうともしない。ポケットに手を突っ込んだまま、テーブルの上の共同宣言をじっと見つめている。

そこには、これまでやってきたことを「もうやりません」、やってこなかったことを「これからやります」と書いてあるのだ。「こんなもの受け取れるか」と言って、出て行った。一方、他の主要労組は民営化を容認し、共同宣言を結んだ。

続いて3月、北海道、九州の大勢の余剰人員を東京、大阪、名古屋の大都市圏に異動させる「広域異動」を募った。これにも国労は反対したが、他の主要労組は賛成し、約3800人が異動した。

5月には希望退職法が成立し、速やかに募集に入った。2万人の計画に対し4万人近くが応募する結果となった。再雇用については、最終的に、国や地方公共団体に2万2千人、民間に1万2千人、国鉄関連企業に1万2千人が就職した。不可能と言われた雇用対策は大成功をおさめた。

そのような中、国労の組合員の間には不安が高まっていく。国労を脱退するものも多数現れた。

彼らの意表をつく課題を投げかけ、それを受けて反撃に出ようとするころには、さらに次の課題が提起される――。経営側は終始、主導権を取り続けたのである。

国労の合意を得なければ施策の実施ができないという従来の姿勢で臨んでいたら、事は全く進まず、改革は頓挫していただろう。あのやり方しかなかったと思っている。

労組幹部らに広域異動について説明する（写真提供：日本経済新聞社）

国鉄改革法成立

民営化前日まで激務

——僚友の顔見渡し、誇らしく

1986年7月の衆参同日選挙で、自民党は圧勝。この選挙の争点は「国鉄分割民営化」であり、選挙の結果は、国鉄分割民営化が国民の圧倒的な支持を得たことを意味した。

9月の臨時国会で、国鉄改革関連法案の審議が始まった。

法案の作成段階で難題となったのが、職員をJR各社と国鉄清算事業団へ振り分けるやり方についてどう書くかである。総裁の命令によって振り分けると書けば、憲法の職業選択の自由に抵触する。この難題を解決してくれたのが、法務課の法律専門家であった。「国鉄は法人格としては国鉄清算事業団と一体であり、職員は全員自動的に国鉄清算事業団に引き継がれる。分割により生まれる新会社は、必要な要員を採用して事業を行うのだから、これに応募し、採用試験を通って採用された職員のみが、新会社の社員となる」。彼はこの問題の唯一の現実的な解決策を示してくれた。「ああ、そういうことなのだ」と目からウロコが落ちる思いだった。

運輸省は、この職員の配置に関する条文が国会審議において問題になるのではと心配していたが、野党の関心事項は国鉄労働組合（国労）の存亡がほとんど全てであり、審議は順調に進捗し、11月に国鉄改革関連法は成立した。

一方、分割民営化に反対する国労の内部は大きく揺れていた。主流派は民営化賛成に舵《かじ》を切ろうとするが、反対派の抵抗が強く、組織内をまとめられない。社会党や総評も仲介に入るが、その努力もむなしく、10月、静岡の修善寺で開いた大会をきっかけに、国労はついに分裂した。こうして分割民営化に反対する勢力は力を失っていく。

しかし、希望退職の募集や余剰人員の雇用対策は続き、新生ＪＲに採用される候補者名簿の準備もある。私が局次長として率いていた職員局は、民営化前日の87年3月31日まで臨戦態勢だった。その激務の合間を縫って、前日に部下たちとささやかな慰労の会を催した。慌ただしく杯を上げ、ともに戦ってきた面々を見渡し、私は誇らしかった。

改めて思うのは、信頼して任せきることができる「僚友」の存在である。私は何人もの良き僚友に助けられてここまで来た。

その不可欠な一人が山田佳臣君（現ＪＲ東海会長）である。81年4月に経営計画室に赴任した時、そこに同日付で新幹線総局から異動となった彼がいた。第二臨調の瀬島龍三委員に国鉄の分割民営化を説き、三塚博自民党交通部会長に労使関係是正の必要性を説明するところから表裏一体でやってきた。

それから分割民営化の労務・要員対策を成し遂げ、ＪＲ東海の創業に取り組んで今日に至るまでの34年間、彼とはいつも相棒であった。私心がなく、揺らがず、大胆にして細心な彼に実務を任せきって、私は外向きに注力したのである。

もう一人、分割民営化の実現に不可欠の存在だったのが、当時職員局労働課長の南谷昌二郎君（元ＪＲ西日本会長）である。彼もまた無私の人だった。

分割民営化は「まさにこの時しかない」という絶妙なタイミングだったからこそ可能だった。「もう一度やってみろ」と言われても二度とはできない。時の運、人の縁、そして僚友たちがいて、ＪＲは誕生した。

職員局時代に山田佳臣君（右）と

コラム　千思万考

国鉄分割民営化と道路公団民営化

経済学者は国鉄は分割民営化で競争原理が導入され活性化したと言いますが、それは間違いです。JRの東日本や西日本とは競争よりも補完関係のほうが圧倒的に大きい。航空やバスとの競争も国鉄時代からありました。民営化するとホテルや百貨店など関連事業の開発が進むのは確かだが、過大な期待はできません。では民営化して何が良かったのか。政治介入を遮断し、経営の自立性が確保されたことです。

しかし、当時の国鉄に正解だった分割民営化が道路でも正解となるわけではない。市場原理を過大評価してはいけない。民間企業の経営ノウハウは大いに導入したらいい。でも鉄道と道路は違います。鉄道会社はレールの上を走る列車も保有しており、民営化で列車の運行や管理を効率化できました。これに対し道路の上を走るのは個人や企業の車です。これらは道路会社の経営の埒外《らちがい》にあり、民営化してさらに効率化できるわけではありません。日本の全道路から有料の高速道路網だけを切り離して民営化するのもおかしい。鉄道で言えば新幹線だけ民営化してローカル線は国鉄のままというようなもので、株式を売却して私有化したときに一貫した道路網を維持できるかどうか不安があります。

民営道路会社が設備投資をせずに株主への配当に回す危険もある。鉄道でも日本と条件の違うやり方で民営化した英国ではそれで失敗しました。設備が老朽化し事故が相次いだ。株価はどんどん下がって2001年に破たん、結局英国政府の直轄事業になった。失敗したら消えてなくなっていい事業では市場原理は機能する。だから輸送業でもタクシーはいい。でも鉄道や道路は失敗したと言って簡単に消えてしまうわけにはいかないんです。日本はそこまで考えて道路民営化に踏み切ったのかどうか。道路を民営化している国は少ない。最大の道路国家、米国も民営化していません。今、必要なのは無駄な道路を造らないという政治の意思であって、それがなければ民営化しても道路はできてしまいます。現に国鉄民営化の後で整備新幹線ができている。

(2005年1月21日付　日本経済新聞夕刊「理をもって尊しとなす⑤」より一部転載)

7社発足

JR東海へ 高揚感なく

――疲弊した新幹線、維持強化へ

1987年4月1日。国鉄は分割民営化され、JR7社が誕生した。私は6時発「ひかり」の初列車で、東京からJR東海本社のある名古屋に向かった。

私の胸にあるのは、決死の任務を終え、また次なる任務に向かう者の冷たい緊張感のみ。新しい7つの本社が習熟し機能するまでの数カ月間が一番脆弱な時期だ。事故が起こらないでほしい。高揚感はなく、祈るような気持ちだった。

取締役総合企画本部長に着任してまず実感したのは、東海道新幹線の「疲弊」「陳腐化」だ。東海道新幹線は64年の開業以来23年間にわたって酷使され、技術的にもほとんど進化していなかった。85年に投入され始めた100系車両が7編成、あとの91編成は開業時以来の0系で車齢も古かった。トンネル・橋梁などの土木構造物も、あと10年は保証するが、20年後には取替えが発生するかもしれないと言われていた。

ＪＲ東海にはドル箱の東海道新幹線がある。だからＪＲの中で、もっとも恵まれた会社としてスタートした。そう思っている人が多いが、現実はまったく違う。東海道新幹線には大きな足かせがはめられていたのだ。

分割民営化に当たっては東北・上越、山陽新幹線の工事費の約2分の1を肩代わりし、運輸収入の6年分を超える5兆円もの国鉄債務を背負っての出発だった。会社発足当時の年間可処分資金はわずかに７００億円。バランスの取れた経営戦略の立てようはなかった。

この与えられた条件を金科玉条とし、その範囲内で設備投資もやり、借金の返済もやるということになれば、両方が不十分・不徹底で、東海道新幹線はジリ貧になる。大動脈が機能不全になったうえに、経営も破綻した時には胸を張ることはもちろん、弁解の余地すらない。

私は決心した。創業の使命、すなわち東海道新幹線の大動脈機能を守ることを最優先の課題にしよう。それは日本経済にとって死活的に必要であり、代替不能である。東海道新幹線の維持強化に必要な投資は着実に進める。それでも借金が増えていく。その事実を背にして経営者が政府と刺し違えて、欠陥制度を改めればよい。そう割り切ったのだ。基本方針をこのように定めたうえで、日々の現象にも対処していくこととした。

5月に入ると、収入が想定よりも大幅に上回ることが明らかになってきた。日本経済がバブルの膨張期に入ったのである。東海道新幹線も「ひかり」の座席がとりづらい、との声が高まってきた。

そこで、当面唯一の選択肢である100系を大量発注して即効的に内部留保増加を図るとともに、老朽化した0系を更新することにした。民営化によって発注が減ると考えていた車両メーカーは、製造設備を縮小していた。その製造能力を買い占めるつもりで早急に発注し、その後5年間で50編成を投入した。

この機会に100系に置き換えられる0系を活用して「こだま」の16両化を行い、食堂車を廃止した。食堂車廃止には「旅情がなくなる」と反対する声が多かった。しかし新幹線に求められるのは旅情ではなく、安全・正確・安定・高速・高頻度・大量輸送である。当初反対していたJR他社もしばらくして食堂車を廃止した。

しかしながら、どうしても避けて通れない抜本策が残っていた。欠陥制度「新幹線鉄道保有機構」の解体である。

JR東海の設立総会（奥の左から2人目が筆者）

欠陥制度

保有機構の重荷と対峙

——東証が「援軍」3年半で解体へ

「新幹線鉄道保有機構」（保有機構）は国鉄再建監理委員会の最終局面で、元運輸次官の住田正二委員から唐突に提起され、同じ運輸省出身の林淳司事務局次長の強い反対を押し切って答申案に盛られた。

保有機構は東海道、山陽、東北・上越新幹線の地上設備（車両以外のすべて）と、その時価評価額に相当する国鉄債務8兆5千億円を国鉄から引き継ぎ、地上設備をJR本州3社にリースして債務を返済する。その際に「各新幹線の収益力」を反映したリース料を設定することにより「本州3社の収益力」を平準化するのだと説明された。償還期限は30年間、2年ごとの輸送実績により各社の負担を見直すことになっていた。

この制度には本質的な欠陥があった。まず、保有機構が受け取るリース料は全額債務償還に充て、地上設備の維持更新は借り手が行うことになっていた。ところが、借り物の地上設備については減価償却費を計上できない。だから借り手が借金して維持更新をやるか、やらずに資産を食い潰しつつ問題を先送りするかの二者択一だった。

さらに問題なのは、「新幹線」のリース料負担割合で「会社全体」の収益力を調整するという詭弁《きべん》である。

ＪＲ東海の場合は文字通り東海道新幹線会社であり、会社の営業収益の約85％は新幹線である。ところがＪＲ東日本の東北・上越新幹線は会社全体の営業収益の約20％に過ぎず、収益の大部分は首都圏の都市鉄道網から来る。それを除外して新幹線だけで会社全体の収益調整をやることは妥当だろうか？　答えは明らかに否である。結局、東海道新幹線が東北・上越新幹線の建設費２兆円余りを肩代わりしただけだった。

保有機構提案者の本音は、国鉄債務の返済と本州３社の収益力調整を口実に東海道新幹線の収益力を運輸省の手中に収め、将来は整備新幹線建設の財源などに充当することだったのだろう。

東海道新幹線は鉄道の精華である。一部官僚の思惑のためにこれを劣化させてはいけない。そして鉄は熱いうちに打たなければならない。私は会社発足後直ちに、借金をしてでも東海道新幹線の改善・強化投資を続ける一方、保有機構を解体し、過重な債務負担を適正化する対策に着手した。合理性と大義名分を背にし、刺し違える覚悟でいたが全ては手探りだった。

しかし、二つの天祐が重なって１９９０年秋には保有機構の解体が決まった。一つはバブル経済のブームで本州３社の業績が思いのほか好調に推移し、誰もが10年以内には無理だと思っていた上場基準を３社ともクリアする見通しとなったことである。そして上場を審査する東京証券取引所が「保有機構の下では会社の資産・債務状態が不確定である。ゆえにこれを解散しない限り株主利益保護の観点から上場は認められない」という見解を示したのである。

もう一つは保有機構に反対した林淳司さんが、この時期に運輸次官という要のポストにいたことである。

30年間機能し続ける前提で設計された特殊法人がわずか３年半で解体と決まった類例はない。奇跡的に欠陥制度は消滅したが、過重な債務負担はそのまま残された。ＪＲ東海の実質的民営化はここが出発点だった。

JR東海が発足したころの新幹線基地

「のぞみ」登場

初の全面刷新　時速270キロ
――車両を軽量化、命名は一苦労

1987年の12月上旬、リヨン―パリ間でフランスの誇る高速鉄道TGVに乗車する機会があった。時速270キロは当時の世界最速である。しかし、その印象は重そうな客車の先頭と末尾に強力な機関車を配して、田園の中を大きな音を立てながら走行する長閑《のどか》な高速列車という感じだった。

同行のエンジニアが言う。人口稠密《ちゅうみつ》地帯を走る東海道新幹線の場合は騒音・振動対策や耐震性強化が必要なうえに、カーブもTGVよりきつい。「それでも時速220キロから270キロには上げられると思いますよ」

帰国早々の88年1月、「新幹線速度向上プロジェクト委員会」を立ち上げた。新幹線運行本部長の副島廣海さんをリーダーに各分野の技術者が寝食を忘れて検討した結果、半年後の9月には成案を得た。その骨幹は、①時速270キロ運転のために新型車両

（300系）を開発する②アルミ車体、交流モーター、軽量台車を採用して車両を25～30％軽量化し、沿線の振動を現状以下に抑える③車体の流線型化と表面の平滑化、パンタグラフ数の削減などにより沿線の騒音を現状以下に抑える④電力回生ブレーキの採用なども併用して消費電力を節約する⑤空調機器を床下に置くなどして車体の重心を下げ、半径2500メートルの曲線を時速255キロで通過する⑥地震の早期警戒装置を導入するなど、東海道新幹線開業以来初のフルモデルチェンジであり、あらゆる技術的挑戦を盛り込んだ画期的な計画であった。

直ちに経営会議で決定し、12月に300系一編成を発注、2年間の実証運転を経て92年3月に「のぞみ」がデビュー。東京─大阪2・5時間時代の幕が開き、高頻度輸送の利便性とあいまって対航空サービス優位が強化された。

「のぞみ」の命名には一苦労した。千を超える候補を20に絞り、最終決定の場が設けられた。外部の有識者として齋藤茂太、牧野昇、阿川佐和子の3氏を招聘《しょうへい》し、部内からは須田寛社長と私を含めて5人が出席した。

「ひかり」「こだま」より速い列車を何と呼ぶか、悩ましいところである。阿川佐和子さんが、「日本を代表する列車だから『やまと言葉』でなければいけない。父は『つばめ』が良いと言っていました」と発言、これが基調となった。他に「すばる」「あすか」などもあったが、リストにあった「希望」を「のぞみ」に読み替えることで意見の一致を見た。馴染《なじ》んでみると良い命名だったと思う。

300系車両の軽量化は土木構造物への負担を軽減し、高架橋や鉄橋などの寿命を延ばすという波及効果をもたらした。発足当初は20年後には取り換えが発生する可能性ありと言われていた土木構造物は、今日では適切な保全さえすればいくらでももつことが解明されている。

300系システムの導入を契機に、国鉄時代には抑えられていた新技術導入への衝動が解放され、あたかも堰《せき》を切ったかのように700系、N700系、そしてN700Aがほぼ7年おきに開発投入された。N700系・N700Aのエネルギー消費は時速220キロの0系と比較すると半分程度である。構造物の耐震化・長寿命化、地震時の車両脱線逸脱防止、架線の軽量高性能化など全ての面目をも一新しつつある。

「のぞみ」一番列車出発式（左端が筆者）

輸送力強化

品川駅新設、増発へ態勢

——全工費1千億円、2年で回収

「新幹線鉄道保有機構」（保有機構）の解体、「時速270キロ運転」と並ぶ新幹線強化のためのもう一つの離れ業が「品川駅の開設」である。それは国鉄時代からの懸案でもあった。

東海道新幹線の列車本数は東京駅のプラットホームと本線を結ぶ分岐路を列車が何分で通過できるかに制約される。当時それは4分、すなわち1時間に片道15本が上限であった。田町駅付近から大井車両基地に分岐する回送列車のために毎時4本を確保すると、営業列車は11本まで。すでに「ひかり」6本、「こだま」4本が運行されており、増発余力はあと1本だった。

品川駅を開設し、そこで4本を発着させれば品川以西では毎時片道15本の営業列車を確保できるとともに、積雪など自然災害時の列車遅延も早期に収束する。また品川で乗降可能になれば、多くの旅客にとって新幹線へのアクセス時間が20〜30分は短縮される。輸送力増強と利便向上の切り札であった。

しかし実現の最大の困難は用地の取得であった。JR各社への用地分割を担当した国鉄経営計画室は保有機構に奪取された東海道新幹線には寸土の余裕も持たせず、そのうえJR東日本の「薄皮一枚」の用地で包囲するよう密《ひそ》かに処理していた。東海道新幹線の品川車両基地は国鉄清算事業団の債務返済用に差し出し、23ヘクタールに及ぶ在来線品川ヤード用地は簿価7億5千万円でJR東日本に引き継がれた。

当社は開業早々に「東京参与会」を発足させ、平岩外四経団連副会長、瀬島龍三行革審委員、亀井正夫日経連副会長、杉浦喬也元国鉄総裁、岡田宏鉄道建設公団総裁らを含む10人の有識者に基本問題を説明し、理解と助言をいただいてきた。国鉄改革に深く関わったこれらの人々は、品川駅設置には大賛成、ぜひ実現すべきだという意見だった。

用地問題については株式上場までのJRは「国有民営」であり、その資産は全て国家・国民の財産である。故に品川ヤード用地の活用方法は政府が国家・公共のためにどう使うべきかを大所高所に立って判断し、「民有民営化」される前に処理すべきだという見解であった。JR東海は品川駅構想を天下に周知したうえですべてを政府に委ねて静観すればよいと助言された。まさに正論だった。

東海道新幹線品川駅計画は公表と同時に世論の強い期待と要望を喚起し、実現は必須の流れとなったが、ＪＲ東日本首脳の強硬な反対で用地の協議は難航した。しかし、日本経済の大動脈機能を維持・増強するという大義は動かし難く、結局は株式上場を前にして、国鉄清算事業団およびＪＲ貨物用地と例の「薄皮一枚」の買収で、なんとか品川駅の開設は決着した。

２００３年10月１日、品川駅完成と全列車２７０キロ運転化を踏まえた、白紙ダイヤ改正が行われ、１時間に「のぞみ」７本、「ひかり」２本、「こだま」３本体制がスタートした。東京、品川両駅合わせての利用増は１日２万人、年間収入増は５００億円に上る。品川駅の建設費は用地も含めて１千億円弱、全工事費を２年で回収した勘定だった。

荒涼たる空閑地であった品川駅港南口には完工までの５年間に巨大なオフィス街が出現した。その延べ床面積は東京ドームのグラウンド約１００個分にあたるという。新幹線品川駅は極めて大きな外部経済効果をもたらしたのである。

開業した新幹線品川駅（2003年）

世界最大の駅ビル完成
——在来線強化と相乗、商圏拡大

国鉄時代の名古屋駅ビルは、建設された1937年当時東洋一の威容を誇ったという。しかし、JR東海発足の時点では既に陳腐化が著しく、その建て替えが最初の大規模開発案件となった。

新たな駅ビル「JRセントラルタワーズ」は、JR東海の本社と名古屋駅舎に加えて、オフィス、百貨店、ホテル等が一体化した駅上の複合立体都市というコンセプトで、国鉄時代には思いも及ばぬ挑戦であった。

東京、大阪地区に開発用地のない当社にとって、名古屋駅は唯一の大都市型の開発案件であり、極力大規模なものを、という方針で案が練られた。92年に、高さ270メートル、床面積45万平方メートルという規模が定まり、百貨店は「ぜひに」と言う松坂屋との共同出資、ホテルは杉浦喬也全日空会長（元国鉄総裁）の要請もあり、全日空ホテルズと提携ということになった。そして残るは建築確認申請のみという段階でバブルが弾けた。

バブル崩壊に伴い、高さ２４５メートル、床面積42万平方メートルに縮小する決断をした。床面積を10％削減すれば建設費が15％減少するという施工会社の提案を容《い》れたのだ。好意的に応援してくれていた地元に多少の失望感を与えたが、それでもギネスブックには世界最大の駅ビルと記載された。

また、百貨店については、松坂屋からの提携解消の申し入れを受け、新たに名古屋初進出となる髙島屋と提携した。ホテルも、最終局面でマリオットホテルとのフランチャイズ契約に変更となった。振り返ってみればいずれも幸運であった。

着工が94年に延びたことも思わぬ幸運をもたらした。上昇の一途だった建築費がバブル崩壊で下落し、加えて２０００年の全面開業までの6年間に金利が大幅に低下したのだ。この結果、総事業費は３３００億円の予定が40％近くも少ない２０００億円で済み、当初計画では、オフィス・百貨店・ホテルが単年度黒字となるのに5～10年かかると想定していたが、すべて開業初年度から黒字となった。

ＪＲセントラルタワーズ成功の秘密は、規模の大きさと複合機能性である。加えて民営化後の在来線のサービス増強も駅ビルの賑《にぎ》わいに貢献した。国鉄時代にはもっぱら経費節減の対象でしかなかった在来線を、当社では東海道新幹線のアクセスネットワークと位置づけ、新車投入の上に列車頻度を約2倍に増やしたのである。その結果名古屋駅ビルの商圏は三重、岐阜、長野、静岡県にまで拡大した。

また「のぞみ」の導入は東京・大阪と名古屋のつながりを強め、名古屋駅地区のオフィス立地は優位性を増した。駅前にはトヨタ自動車のビルが建設されたほか、三菱地所や日本郵政のビルが完成間近である。当社の第二の駅ビルである「JRゲートタワー」もリニア中央新幹線の名古屋駅空間を地下に抱いて建設が終盤を迎えている。

鉄道には旅客の利便だけでなく、地域の潜在力を高める効果もある。東海道新幹線と在来線のサービスアップが名古屋駅の賑わいを呼び、その賑わいが更なる駅周辺の賑わいを呼ぶという相乗効果をもたらした。名古屋駅周辺の様相はJR東海発足時とは一変し、今や広域名古屋市圏の中心であり、東京・大阪などへの名古屋の表玄関となっている。

JRセントラルタワーズの建設現場

未踏の世界挑む

リニア、自社負担を決断

——健全経営と安定配当も堅持

1987年7月、「リニア対策本部」を立ち上げたことが、最初の一歩であった。中央新幹線は全国新幹線鉄道整備法（全幹法）に基本計画路線と位置づけられており、名古屋を経由して東京と大阪を結ぶという経路からして、まさに第二東海道新幹線である。

一方超電導磁気浮上方式（超電導リニア）は、東京―大阪を1時間で結ぶ第二東海道新幹線での実用化を期して62年に開発が始まったもので、他に活用する路線はない。その土木構造物（インフラ）は新幹線と大差ないが、走行システムは全く異質で、未知未踏の世界である。国鉄の開発成果を結集した宮崎リニア実験線7キロメートルを鉄道総合技術研究所が引き継いだが、それは模型実験レベルで、実用化への視界はゼロだった。

東海道新幹線の輸送力が限界に近づく中で、第二東海道新幹線のインフラ建設は政府に委ねるにしても、リニアシステムの開発は将来運行に携わる我々で、と考えた。

そこで、当社が自己負担1千億円で実用線の一部20キロメートルを先行建設し技術開発を主導することを発想、運輸省に提起した。1千億円の政府予算化はバブル期でも不可能だ。この呼び水が閉塞を破り、山梨リニア実験線の建設計画は90年6月、運輸大臣の承認を受けた。リニアシステム実用化へのエポックだった。

当社の技術者が高速鉄道の運行経験に基づき設計を主導した結果、リニアの実験線は山梨県においてそのまま実用モデルとなりうるものに一新された。その結果、宮崎実験線では頻発した超電導状態喪失現象は、97年4月の運行開始以降一度も発生せず、2009年7月に国土交通省の実用技術評価委員会から実用技術完成のお墨付きを得た。

この間に当社の財務状況は大幅に改善し、87年にわずか700億円だった年間可処分資金は今や5千億円にまで達している。最大の経営リスクだった5兆5千億円の債務は2兆円まで縮減され、それにゼロ金利政策の効果も加わって支払利息は3500億円から700億円まで減少した。

列車間隔4分、毎時15本（回送含む）が上限とされた東海道新幹線の運行列車本数も、車両の加減速性能向上等によって、それぞれ3分15秒、18本となっている。1日の営業列車本数は当社発足当初の231本から350本に増え、収入も1・6倍である。今や東海道新幹線はその限界を究めたと言える。06年4月には完全民営化が達成され、経営の自由度も高まった。

東海道新幹線の旅客から得た収入は、リニア中央新幹線を通じて将来の旅客に還元されるべきだ。これが07年に中央新幹線の東京―名古屋間を自己負担で建設する決断をした大義である。

全幹法の手続きや環境影響評価を経て、14年10月、東海道新幹線が50年を迎えたその時に国土交通大臣から工事実施計画の認可を受け、次なる50年の飛躍へ発進した。

国鉄改革で背負った過去債務は制御不能の経営リスクであり、その克服は「捨て身の積極的経営」と「デフレ・ゼロ金利の天祐」が織りなした奇跡だった。一方リニア中央新幹線建設のリスクは未然のものであり、回避可能である。経済状況の変化、工事の進捗などに柔軟に対応し、健全経営と安定配当を堅持しつつ建設を進める方針である。

I　私の履歴書

高速で走行するリニア車両L0系

教育に危機感

理想の学校、設立に尽力

――参画90社 全寮制で人間力育む

2000年に小渕恵三内閣が教育改革を打ち出したのにあわせ、経済界のシンクタンクが教育のあり方について提言を出した。私も1年半にわたって提言の議論に加わった。痛感したのは、誰もが教育の被験者かつ関係者であるがゆえに、100人いれば100通りの考えがある、ということだった。

実践しかない。かねて危機感を抱いていた教育分野で現実的な貢献ができるとすれば、自らが理想とする学校をつくり、実績を示すことだ。支持を得られれば、おのずと輪が広がっていくであろう。

同じ思いのトヨタ自動車名誉会長の豊田章一郎さん、中部電力会長（当時）の太田宏次さんと3人で、学校作りに向けた勉強会を始めた。

現代は両親が共働きで、一人っ子という家庭が多い。まずは豊かな「人間体験」ができる環境をつくりたい。また、塾に通う必要がないように国語・英語・数学の基礎を効率的・徹底的に教え、空いた時間は友達と議論をし、スポーツをし、本を読む。学校であると同時に家庭であり、社会でもある——。

答えは「全寮制の中高一貫校」。3人の意見は一致した。

課題は、寮での生活が規律正しく、目の行き届いたものになるかどうかだ。モデルの一つとなる英国のパブリックスクール、イートン校を訪ね、校長（当時）のトニー・リトル先生からも話を聞いた。

イートン校では、寮（ハウス）にハウスマスターと呼ばれる先生が家族とともに住み、高学年の学生を自分の補佐役にして生徒の面倒を見ていた。経験のない私たちは、600年の歴史を持つイートンのようにはいかない。

企業がつくる学校だから、企業ならではの仕組みを導入しよう。考え出したのが、「フロアマスター制度」だ。1棟に60人の生徒がいるハウスを、専任教員でもある1人のハウスマスターと3人のフロアマスターで運営する。フロアマスターは私たちの学校に賛同する企業の独身男性社員。毎年、交代で派遣してもらい、各フロアの生徒20人と起居を共にし、生活指導や人間力の育成にあたる。

設立にあたり、約90社から200億円を超える寄付が集まり、06年春、愛知県蒲郡市に「海陽学園・海陽中等教育学校」が開校した。初代校長は開成中学・高校の校長を長く務めた伊豆山健夫氏である。現在、13歳から18歳までの約700人が共同生活をしながら学んでいる。最初は心細い様子の新入生も9月頃にはすっかりたくましくなる。今春、4回目の卒業生を送り出した。有名校への合格自体が目的ではないが、進学実績も着実に出ている。

フロアマスターは25社から28人。この制度は企業の側にも大きなメリットがある。20人の子どもたちを1年間にわたって面倒見続けた社員は、人間的に大きく成長して会社に戻ってくる。この間に得たヒューマンネットワークは本人にとっても大きな財産だ。

前述のように、葛西家は代々、新潟・佐渡の漢学者で、私塾を開いて子どもたちに学問を教えていた。父も長年、都立高校の教壇に立った。

一方、私は国鉄に入り、企業経営の道を歩んできたわけだが、いまこうして学校教育にかかわっている。縁《えにし》というべきかもしれない。

イートン校のトニー・リトル校長（右から2人目）と（左から2人目が筆者）

妻の存在、人生を支える

――高速鉄道海外へ　今後も疾走

振り返れば、私の鉄道人生は、常に新幹線とともにあったといえる。1995年から社長を、2004年からは会長を務めたが、東海道新幹線が開業50周年を迎えた14年に名誉会長となり、国内の事業は後輩たちに委ねた。現在は、培ってきたヒューマンネットワークや経験を生かし、高速鉄道の海外展開に取り組んでいる。

日本型高速鉄道システムの特色は、平面交差を排除した専用軌道と、自動列車制御装置（ATC）が作り出す「クラッシュ・アボイダンス（衝突回避）」原則にある。海外展開により、このシステムが国際標準になれば、関連の製造業の市場が広がり、その足腰が強くなる。結果として高品質の資機材を安定的に調達でき、東海道新幹線の安全・安定性が確保される。

JR東海は、高速鉄道システムの技術とノウハウを提供し、運行・保守の指導を担う。

この過程で技術者の国際性や自信が養われる。海外でのプレゼンスの向上は、優秀な人材を将来にわたり確保する意味でも有効である。

現在、米国のダラス—ヒューストン間（約400キロメートル）においては東海道新幹線N700系の導入が検討されている。民間主導の計画で、その事業主体が15年7月に当面必要な資金を調達するなど、着実に前進しつつある。

同じく米国では、東海岸のワシントンDC—ニューヨーク間への超電導リニアの導入を働きかけている。米国の大地をニッポンの高速鉄道が疾走するのも、夢ではないように思う。

私の鉄道人生は変化の連続で、その都度「この時しかなかった」という天の時と、「この人なしには」という人の縁に助けられてここまで来た。その中で終始一貫して家を守り、後顧の憂いを除いてくれたのが妻である。

子供たちのこと、家事家計はもちろん、両親への孝養も全て妻に任せきりだった。職場での閉塞感や切迫感を家では一切口にしたことがない。話せば気力が抜ける。だから日々詳細なメモを書き続けて闘志を温めたのである。

一度だけ「国鉄を辞めたら、塾の先生にでもなるか」と冗談めかして言ったことがあった。そのあと、妻は子供たちが通っていた近所の学習塾に行き、創立者で塾長の永瀬昭幸氏に「主人が国鉄を辞めたら塾の先生に雇ってくれますか」と尋ね、「いいですよ」という返事をもらったそうである。

妻は空気を感じ取り、何かせずにはいられなかったのだ。「その時には校長先生をお願いしようと思っていました」。後に永瀬氏ご本人から伺った。校長先生にはならなかったが、永瀬氏には、現在海陽学園を随分応援していただいている。

これまで妻には全て「以心伝心」で済ませて来た。しかし、今回私の履歴を語る以上、そのほとんどの期間を共に歩いて来た妻の支えに触れずに終える訳にはいかない。そう思い「妻への感謝」を表明して稿を終えることにした次第である。

2人が出会い、育んできた家族は、子供たち夫婦6人と孫5人の合わせて13人になった。ありがとう。心から感謝している。

子や孫たちが古希を祝ってくれた

コラム 千思万考

リーダーが持たなければならない大局観

リーダーは国家観、歴史観、世界観に裏打ちされた大局観を持つことが重要です。国の政治家が大局観を持つのはもちろん、企業のリーダーも自社のことだけに関心があるというのでは不十分です。様々な問題について国家的視点で、時代を越えて、そして世界を眺めた上で一定の見識を持つ必要があります。大きな座標軸の中に自分の座標を位置づける。それを怠っては何をしたところでフラフラと浮遊しているのと変わりません。

最近は「グローバリズム」とよく言われますが、時代は変われど突き詰めた時に大事なのは国家です。国家観の有無によって人間、さらにはリーダーとしての重みが決まるのだと思います。

（2020年11月19日　致知出版社「社長の徳望を磨く人間学塾」講演を編集）

自由な思考と自律性

リーダーはビジョンを示す必要がありますが、その際、鍵を握るのは自由な思考です。世の中には「与えられた条件は所与のものであって、その中で最適解を求める」と考える人が多いように思います。学校教育では学んだことの中から課題が与えられ、それに対する答えや評価の物差しも決まっています。この環境に慣れすぎると「人に課題を出してもらい、そのなかで良い答えを出して高い評価を得たい」という消極的、隷属的な考え方に陥ります。これは学校秀才がはまりやすい罠です。

制約条件や周囲の評価から自由になり、現実を直視して合理性と正当性に基づき構想を練る。そして独立自尊の気構えで自律的に判断、行動することがリーダーに求められているのです。人に決めてもらう、民意に従うというのは愚の骨頂です。

一方で自信を持ちすぎることも問題です。自らの責任で決断し行動する前に、必ず気を許せる腹心と意見を交換し吟味する。つまり参謀・腹心に支えられた自律性というものが大事なのです。

（2020年11月19日　致知出版社「社長の徳望を磨く人間学塾」講演を編集）

武士道は死ぬことと見つけたり

進むべき方向を一度決断したら、狐疑逡巡《こぎしゅんじゅん》せず、多少の無理をしてでもやり抜くことが重要です。いささか硬直的に感じるかもしれませんが、グラグラ揺れ、状況の変化にすぐ決心が鈍るようでは、勝てる戦いにも負けてしまいます。上が迷えば下はより迷うのです。相手の出方に応じて、目先の事柄を進めるために妥協的な和解をする手法も100戦100敗を免れません。一旦決めたら決着がつくまでは不動の姿勢を貫く。「不動性」はリーダーにとって絶対に必要な要素です。

また、『葉隠』の有名な一節に「武士道は死ぬことと見つけたり」とあります。これは死ぬつもりでやれば、結局死なないで事を成し遂げることができる、ということを指しています。常にそうする必要はありませんが、ここ一番という時には敢えてリスクをとって捨て身にならないといけません。捨て身の姿勢がもたらす覚悟、気迫が相手に対して大きな抑止力として働き、有利な状況を生み出すことは知っておくべきです。

（2020年11月19日　致知出版社「社長の徳望を磨く人間学塾」講演を編集）

主動、集中、速行が生み出す力

有限の戦力で最大の効果を上げるためには「主動、集中、速行」を心掛けるべきです。「相手の出方に合わせて受けて立つ」という「後《ご》の先《せん》」の考え方もありますが、それよりも自ら先手をとって動くほうが有効です。自分から動けば相手はそこに引きずられますが、逆に相手方が動いてきた時にはこちら側がそこに引きずられ戦力の分散を余儀なくされます。つまり主動する側には戦力を集中できるメリットがあるのです。さらにこれを素早く行うことが重要です。速度の生み出すエネルギーは大きく、「主動、集中、速行」が仕事を遂行するうえで一番有利なパターンです。

そしてこれを繰り返す、つまり、相手がこちらのアクションに対して策を講じている間に、間髪入れず次のアクションを起こす。そうすることでより有利な状況を生み出すことができます。これは私が仕事を進めるうえで、常に心掛け実践してきたことです。

（2020年11月19日　致知出版社「社長の徳望を磨く人間学塾」講演を編集）

信じて任せきる

組織を動かす者は部下を信じることができなければなりません。信じるべき人を間違えると問題ですが、一方で人を信じることができないのも致命的です。私はこれまで何人もの上司を見てきましたが、自分の手足のように組織や部下を使いたいと考え、人を信じようとしない人は自身の力以上の成果は出せません。

部下を信じて任せきる、そして目的を達成させてあげることが必要です。成功体験を共有することで人は付いてくるのです。勝ち続けることは難しく時に負けることもありますが、過去に何度も勝った経験があれば、「この次は乗り越えられる」と思って人は付いてきます。

大きな方向と戦略を自ら決断し明示したら、その先の進め方については人を信じて任せ、一緒に勝つまで戦い、成功体験を共有し、チームの一体感を高める。リーダーには部下の力を引き出し組織としてより大きな成果をあげていくことが求められます。

（2020年11月19日　致知出版社「社長の徳望を磨く人間学塾」講演を編集）

君子の交わりは淡きこと水のごとし

一人では自身の力以上のことは果たせません。何かを成し遂げる時に重要なのはヒューマンネットワークの力です。それも功利的に人付き合いをするのではなく、自然なお付き合いを通して信頼し合える、共感で結ばれた人間関係を作ることが大切です。

そのためには「無私の心」が鍵となります。私たちが子供の頃、日本人の魂は「明《あか》き、清き、直《なお》き心」にあると教えられました。仕事上でも謀略や嘘は信頼を失墜させます。誠実、清廉、正直な心を大切にしなければなりません。

最近は役人も企業人も皆、自分の殻に閉じこもり外との付き合いが減っているように思えますが、必要な時だけ付き合うという関係性では何も決まらないし、何も生まれません。そもそも会ってももらえません。用事が無くとも、「あいつは面白い」とか「良い奴だ」というだけで人に会うには十分なのです。淡きこと水のごとき付き合いを大切にするべきです。

（2020年11月19日　致知出版社「社長の徳望を磨く人間学塾」講演を編集）

II

あすへの話題

日本経済新聞夕刊連載(2000年7月〜12月)

タンポポ

一九六七年の七月、私は米国に留学することになり、ウィスコンシン大学に行った。シカゴの百二十マイルほど北にあるマディソン市が所在地である。四つの湖に囲まれた人口十六万人ほどの美しい町で、大学はメンドータ湖に面し、広大な地域を占めている。森に囲まれ、湖水に近接したキャンパスのはずれに二階建てのアパートが並び、そこで二年間暮らしたが、その周囲は広々とした芝生の庭になっていた。絶えず刈り込まれ、手入れされた芝の上を森に営巣する雉《きじ》のつがいが散歩する姿が見られ、感激したものである。

驚いたのは日本では愛されているタンポポは芝の最大の害草であるとの理由で、当時、アメリカ人の家庭では、その駆除が大きな関心事だった。テレビでも盛んにタンポポの駆除剤の宣伝が流されていたのを覚えている。大学のアパートの芝生の場合も同じで、ちらほらと散見はされたが、駆除され尽くした感があった。

一九九九年五月、大学の百五十周年記念祭に招かれ、マディソン市を訪れる機会があった。昔住んでいた場所に行ってみると、少し古びてはいたがアパートはありし日のままの姿で使われていた。キャンパスに幾つかの新しい建物が建てられたことを除けば、ほとんどが昔のままであった。

一つだけ発見した顕著な変化はタンポポの多さである。緑の絨緞《じゅうたん》のようだった芝は一面黄色い花に覆われ、あたかも花畑の様を呈している。大学の予算が枯渇して手入れを放棄したのかとふと思ったが、大学の敷地のみならず市街の公園などもすべて同じようにタンポポの花床と化していた。

長く居る友人に聞いてみると、湖水の汚染を避けるために駆除剤を使わなくなったのだという。いつごろから、そのようになったのかは聞きそびれたが、三十年の歳月がもたらした最大の変化は環境への対応の差異であった。しかも、やる時は徹底して行うという民族性の差異のようなものを感じた。

機械親和性

若い人々の長電話がよく話題になる。「家に帰るやさっきまで一緒だった友人と電話で長話をする。ずっと一緒にいる間、一体何を話していたのだろうか」という具合である。

ある友人の仮説はこうだ。「喫茶店でくつろぐ最近の若者の多くは、話に打ち興じているのは稀で、それぞれ勝手に漫画本や雑誌などを読んでいる。直接顔を合わせている時よりも、電話という機械を介在した時の方がリラックスしてコミュニケーションが出来るのだ。だから一緒にいる時にはあまり会話をせず、帰ってきてから電話で長話をする。これは『機械親和性』とも称すべき社会現象である」

そうかも知れない。情報技術（ＩＴ）革命はまさに時代の寵児《ちょうじ》である。確かに通信手段の進歩は革命と言い得るほどに著しい。距離を乗り越えて即時に情報を交換し、意思の疎通をすることが可能となった。携帯電話や電子メールがまさにその担い手である。

しかし、時間・空間を乗り越えるメリットはそれなりの代償を伴う。電話で感受できるのは声＝音だけである。むろん声のトーンなどから内心の陰影を感じとることはできようが、面談する際に相手が発する多次元の情報とは比べものにならない。電子メールになると伝達される情報の多様性は更に減殺される。伝達されるのは文字であり、言葉や文章の意味以上には伝わらない。しかも多数のメールを頻繁に交信するうちに文章の劣化が進み、不完全で乾いた言葉の切れ端に堕してしまう可能性は高い。その傾向は既に見られる。

ＩＴ革命はそれだけでは人間の持つ多元的感性を退化させるという副作用を伴うことを意識し、過度の機械親和性に陥らぬよう心掛ける必要がある。

そうしないと二十一世紀の世界は単純で、殺伐たるものになるだろう。結局は「会うのが一番」なのである。

二十一世紀のランドマーク

去る七月十三日、東海道新幹線が電気電子学会（ＩＥＥＥ）から「マイルストーン賞」を、米国機械学会（ＡＳＭＥ）から「ランドマーク賞」を同時受賞した。両学会はそれぞれニューヨークに本部を置く世界最大の組織である。「マイルストーン賞」は大西洋横断ケーブルなど三十五件、「ランドマーク賞」はサターンロケットをはじめ二百十件が受賞している。いずれも長年実用に供し、様々な効用をもたらした画期的技術に対して表彰するもので、同時受賞は東海道新幹線が五件目である。

当時、日本の夢と飛躍を求めて東海道新幹線の開発にかかわった技術者の中には九十歳の大先輩もおり、授賞式で現役と一堂に会し、喜びを共にする姿に胸が熱くなった。

二十世紀、交通技術の課題は高速化であった。いかに安全に、経済的に高速化するかを各分野が競い合った。鉄道についていえば、一九〇三年にドイツの試験電車が初めて時速二百十キロを記録し、それから実に六十一年を経た一九六四年に東海道新幹線が高速鉄道の幕を開いた。東海道新幹線は開業後三十六年間に三十六億人のお客様をお運びし、列車事故による死傷ゼロである。その速達・利便性、安全性の故に二十世紀の交通分野でのランドマーク、マイルストーンとされたが、今後これらに一層磨きをかけていく決意である。

二十一世紀、人類の普遍的課題は省エネルギーや地球環境汚染の回避にその重点を移すだろう。鉄道はそもそもCO_2排出量が航空機の十分の一にすぎない。最新の七〇〇系新幹線電車は既に約三割の省エネを達成したが、クリーンな電気エネルギーを効率的に使用する高速鉄道は一層注目されよう。

二十一世紀に再び高速鉄道が人類のマイルストーン・ランドマークたり得るとすれば、それは省資源・環境負荷軽減という二十一世紀的課題への貢献に対してではないだろうか。

刃渡り5センチの小刀

随分昔になるが、フランスの外交官から外交政策について話を聞いたことがある。各省から派遣される海外留学生に対する人事院研修の席だった。黒い顎《あご》ひげをはやしたその書記官は「ドゴール政権の外交は平和主義、民族主義、現実主義の三原則に基づいている」と言った。

いささか挑発的にも見えるほどの自信にあふれたその語り口に触発され、質疑の時間に質問をしてみた。「ドゴールの外交が民族主義的であることは明確である。平和主義に基づいていることも納得する。しかし、ちっぽけな核武装に固執することがなぜ現実主義なのか」

私の質問が終わるや否や、彼は教壇を降り、つかつかと私に歩み寄ってきて「立て」と言う。言われるままに立ってみると頭半分ぐらい長身である。「柔道はやるか？」と聞くので「やらぬ」と答えると、にやりと笑って彼が言った。

「私は講道館の三段である。君の財布に幾らあるかは知らないが、それを奪うのは簡単だ。しかし、もし君が刃渡り五センチの小刀を持っていたとしたら、自分は慎重になるだろう。奪おうとすれば指の一本位は失うかもしれないからだ。そしてよほど窮乏しないかぎり君の財布に手を出そうとはしない。それが抑止力である。フランスの核は『刃渡り五センチの小刀』なんだ」と。

学生気分の抜けきらぬ若い官僚が三十人ほどいたが、一瞬しんとなった。芝居気たっぷりの説明に気圧《けお》されただけでなく、説得力があったからである。私は核武装の賛成論者ではない。しかし、戦略的思考の本質を分かりやすく説いた彼の巧みな話は印象深いもので、記憶に残った。

「刃渡り5センチの小刀」はビジネスや様々な生活の局面にも普遍性を持った比喩《ひゆ》である。そしてグローバルに見ると、冷戦期間を通じて世界中で日本人だけが著しく退化させてしまった素養ではないだろうか。

勝利者の物語

初めて訪れた長篠城址（愛知県南設楽郡鳳来町）は、豊川と宇連川を天然の濠《ほり》と利する位置にあった。緑濃い河岸は水音に混じって河鹿《かじか》の涼しげな鳴き声が聞こえるのみ。武田氏の滅亡を決定づけた古戦場は朝の日差しの中で静まり返っていた。

山岳地帯を南下する武田軍が三河の平野になだれ込むためには、その喉首《のどくび》を扼《やく》する長篠城を攻略しなければならない。包囲する武田と救援に赴いた織田、徳川の連合軍が設楽《したら》が原《はら》で衝突。鉄砲三千挺《ちょう》、三段構えの火線の前に大きな打撃を受けた武田は滅亡した。

長篠城址には小さな史跡保存館が建てられ、往時をしのぶ様々な資料が展示されている。その中で戦力を比較した図表に興味をひかれた。織田方の兵力三・八万人に対し、武田方は一・五万人。おのおのの武将を見比べると武田の劣勢は一層明らかである。織田方は兵力で二・五倍、指揮官の数で三倍を超えている。勝ち誇る武田の騎馬隊を鉄砲の使用により阻止したという周知の物語は真実とは違うらしい。衰え、追い詰められた武田は乾坤一擲《けんこんいってき》の決戦に命運を託すほかなかった。

勝敗ははじめから見えていたのだ。鉄砲が勝敗を分けたのではなく、勝つと決まった戦さだったから鉄砲を使った新たな戦術を試す余裕があったのだ。武田の武将のほとんどに戦死の印がついていた。戦国の習い、遠い昔のこととはいえ、新兵器の実験のために露と消えた人々の名前を見ながらすずろに悲しさを覚えた。

長篠の戦いのエピソードは織田の武勇を飾るために色づけされたものに違いない。歴史はいつも勝利者を飾るための物語なのである。だから敗者は自分たちだけの物語を胸に暖め、語り継ぐ。自分自身のための物語すら捨ててしまった者は、経済的にいかに豊かになろうとも、滅んだも同然である。終戦の日を間近かにしてふとそう思った。

空白の詩集

気が変になりそうなほどに高温、多湿な夏の昼下がり。図書館を出たとたん、学生にしては年を食った男が話しかけてきた。私が米国留学中のことである。

「忙しいか」と聞かれ、正直に「それほどでもない」と答えると、いきなり「頼みがある」と切り出した。彼はまじめな顔で「私がジョンソン大統領あてに書いた手紙をソ連のブレジネフ書記長をはじめ世界中の人が読みたがっているので沢山コピーをとらねばならぬ。学生は大学のコピー機を安く使えるから自分の代りにとってくれ。天才は何時の世も金銭的には不遇なんだ」と言った。「しまった」と思ったが後の祭り。「使わせてもらえるように頼んであげるから自分でとれ」と答えるしかなかった。

彼は私と並んで歩きながら、小脇に抱えていた一冊の本を「自分の詩集だ」と言って差し出した。立派な表紙の付いたその本をめくってみると、最初のページは全くの白紙である。背筋に冷たいものを感じながら次々とめくったが、最後まで白紙であった。さりげなく装い「ありがとう」と言って返すと「面白いか」と聞く。「なかなか面白い」と答えた途端に彼はあらたまって「それは全部白紙のはずだ。何故面白いと思うのか」と突っ込んできた。薄気味悪くなり返答に窮していると、顔見知りの教授が通りかかったので、彼を紹介し、虎口《ここう》を逃れる思いでその場を離れた。

最近、友人の作曲家から「四分三十三秒」という二十世紀を代表する有名なピアノ曲のことを聞いた。ピアニストは二百七十三秒間、弾く構えをするだけで一切の音は出さないという。この話を聞いて、三十年以上前の「空白の詩集」のことが記憶に蘇《よみがえ》った。彼は「四分三十三秒」を模していたのだろうか。それとも前衛的な芸術を揶揄《やゆ》するために、わざと狂気を装って見せたのか。単に天才と狂気は紙一重ということだったのだろうか。

会議の効用

会議は合議し決定する場である。ところが本来の趣旨とは異なった副次的な機能を発揮することがある。座っている間に自由な思考が刺激され、創造的な発想が生まれるのだ。

議題の内容は既に知っている事柄も多く、必ずしも終始集中していなければならないわけではない。時には身を持て余し気味に聞くこともある。だからといって席を立って歩き回るわけにもいかない。このような時に思考だけが自然に動き出し、浮遊し始めたりする。そのうちにふと何かに行きあたり、時としてそれが重要なヒントになる。資料の余白にそれをメモしておく。このようにして芽生えた課題意識が検討のプロセスを経て施策として実を結んだ体験は幾度もある。

身体を自由に動かし、何をしても良い環境だと不思議に発想は生まれない。身体の自由は心を眠らせてしまうような気がする。逆に机の前に陣取り、いざ構えると今度は思考が固着し、定型化してしまうことが多い。適度な身体的な拘束と退屈が重なると精神が解放され、思考が自由化する。人間の心身とはそういうものらしい。

座禅はこの作用を引き出す効果があるのではないかと思う。はるか昔、一度だけ京都の妙心寺で座禅の体験をした。座り始めてから十分もたつと足がしびれ、痛みが気になりだした。苦痛は次第に心のすべてを支配するようになり、しまいには予定の三十分が早く来ないかということで頭は一杯になり、足さえ楽になれば後のことはどうでも良いという思いのみであった。

肉体の苦痛はあらゆる精神的苦痛に優先し、柔軟な思考を凍りつかせてしまう。たぶん、修行を積んだ人にとって座禅することはそれほどの苦痛ではなく、凡人の会議の席と同じように精神を解放、自由化するのだろう。自分にとって同じような「思索解放効果」を持つもうひとつの時間は新幹線の車中である。

ギザのラクダ引き

ギザのピラミッドに行った時のことだった。ラクダを引いた男たちが寄ってきて盛んに「乗れ」と言う。初めは「三分で十ポンド」と言った。「乗る気はない」と断ると「一分一ポンドで良いから」と食い下がられた。日本円に換算して五十円。熱心さにほだされ、仲間の一人も同調した。

ラクダは後ろ足だけでまず立ち上がり、それから前足を伸ばして立つ。その際、極端に前傾し転げ落ちそうになるので、鞍《くら》の前の取っ手に必死でつかまっていなければならない。しかも立ちあがったラクダの背は意外に高くスリルがあった。ラクダ引きはその有り様をみて取ったのだろう。「降りる値段はまだ決めていない。二十ドル出せ」と言い出した。雲助さながらである。身軽な友人は黙って飛び降りたが、自分には無理だ。面倒だと思い「二十ドル払うからすぐに降ろせ」と言った。

意外なことにそれがラクダ引きを怯《おび》えさせた。降りた後で「これは男と男の契約だ。

警察に行かないと約束してくれ」と心配そうに繰り返し、紙幣を受け取ろうとしない。はたと気づいた。大幅に掛け値をし、気長に交渉をするのはこの地では常識である。しかし、法外な金を払わねばラクダから降ろしてやらぬ、というのは強要であり商談ではない。「これがエジプト流なのかガイドに聞いてみる」と言うと一転して、三ポンドで良いと引き下がった。

ラクダの鞍の上にいる間は交渉の主導権はラクダ引きの手中にあった。その状態でネゴに応ずれば彼のペースにはまり、余分な時間と金を失うことになっただろう。言い値を払うと言って降りた瞬間、主導権はこちらの手に移った。不当なやり方で法外な値段をふっかけたために彼は一層弱い立場になってしまったわけだ。

イニシアチブを確保することが常に交渉を有利にする。友人も私もそれぞれのやり方でイニシアチブを取ったわけだ。「怪我《けが》の功名」のような教訓だった。

淡きこと水の如し

「インターネットは世界を変える。空間的に隔離されている人々を情報で結びつけ、人類に福音をもたらす」。その日の夕食会の主催者である友人が熱っぽく語り始めた。

「例えばインターネットで結婚相手を見いだす仕組みはどうか。地域を超えて広く配偶者を求めることができる。それに容姿、性格、趣味、嗜好《しこう》をはじめ、今までよりもはるかに数多くの個人情報をベースに最適な配偶者を選び出し、組み合わせることが可能になる。結婚率は上がり、離婚率は下がるだろう」

ゲストの一人が首をかしげる。「それは人が自分自身を客観的に認識し、的確に評価できればの話だ。それに各人が正直に入力するという保証はどこにも無い。もしも人が自分自身の評価に際して、願望と現実を混同したり、無意識のうちに自らを飾ったりしがちなものだとすれば、インターネットによる配偶者選びのシステムは不正確な情報によるミスマッチで大混乱となりかねない」

笑い声があがった。インターネットの本質的な利点と弱点をユーモラスに取り上げたやりとりはおもしろく、話題は次々に展開し、時のたつのを忘れるほどだった。昨年ロンドンを訪れた時、友人に招待された夕食会の席でのことである。「気の置けない内輪の夕食会」という案内どおり、主催者である友人と同じケンブリッジ大学の同窓生仲間に我々を加えて十人余り。さまざまな分野の人々が書生論を飛び交し、心地よいひとときを過ごした。この種の宴席は日本社会の専売特許かと思っていたが、英国人たちも同じようにしていることを見いだし、親しみを覚えた。

気心の知れた友人同士が集まり、談論を風発させる。得るものは知的刺激と共感のみ、「淡きこと水の如き」交わりは人を活性化する。近ごろ、不祥事への反省をするあまり、この種のものにも消極的になりすぎるのはいかがか。

鉦叩き

八月末のある宵、帰宅した玄関先の植え込みで数十年ぶりに「鉦叩《かねたた》き」の声を聞いた。初めは空耳かと疑ったが、「チン・チン……」と速いテンポで打って一呼吸おき、それからまた同じように繰り返す独特の音色である。その気でじっと耳を澄まさないと闇《やみ》の中に溶けてしまいそうに密やかであった。幼馴じみに思いがけずめぐり合った思いがして、しばし聞き入った。

小学生のころ、夜の庭はさまざまな虫の天下で、その音色を聴くのが夏休みの楽しみだった。「馬追い」「草ひばり」「鉦叩き」、そしてそれ以外に少なくとも三種類のこおろぎを聞き分けることができた。

「鉦叩き」は体長が七ミリ位の小さなこおろぎの一種で、部屋の明かりを消すと、「草ひばり」とともに天井のあたりで鳴くことも珍しくなかった。かぼそいが澄んだその音色は、静かな夜半の格好の睡眠剤であった。

庭のたたずまいは今も昔と同じである。しかし、虫の種類はすっかり減ってしまった。いつから「馬追い」が来なくなり、「草ひばり」や「鉦叩き」の声を聞かなくなったのか定かでない。高校に入ったころまではいた。しかし、勉強が忙しくなり、虫のことを失念している間に、いつのまにかいなくなったのだろう。

先夜、偶然、鳴き声を耳にしてから、会う人に「鉦叩き」のことを話したが、全員「何だ、それは？」という反応で名前さえ知らない。浦島太郎の気分だった。

改めて夜の庭に耳を澄ましてみた。「おかめこおろぎ」のかまびすしい鳴き声の中に、あの密やかな音色をとらえた時はうれしくなった。しかし、「あの虫ならずっと鳴いていましたよ」と妻が言う。人が自分のことに心を奪われているうちに自然は移ろっていく。しかし、忙しさにかまけて見過ごしていたものに、ある日はっと気づくこともある。「今年は還暦だったな」と思った。

潜水艇長の遺書

ロシアの潜水艦事故の記事を読みながら、潜水艦の黎明期《れいめいき》に起こった日本海軍の事故を思い出した。

明治四十三年、訓練中の潜水艇が沈没し、艇長以下十四人が殉職した。二日後に引き上げられた時、艇長の胸ポケットから三十九ページ、九百七十五字に及ぶ遺言をつづった手帳が発見され、「佐久間艇長の遺言」として世界中を感動させた。何十年ぶりかにそのコピーを読み直してみた。

主文は不注意から艇を沈めたことを詫《わ》びる言葉で始まる。艇員一同最後までよく職責を果たしたという報告が続き、事故のために潜水艇の将来を見誤り、発展を阻害することの無いよう願う文章で結ばれている。続いて沈没の原因、沈没後の艇内の状況、浮上のための努力などが簡潔に記され、最後の「公遺言」と記されたところでは「部下の遺族をして窮するもの無からしめ給はんこと」を天皇へ上奏している。

沈没は午前十時。「呼吸が苦しい」「ガソリンに酔うた」「十二時四十分なり」で遺書は終わる。暗い艇内で書かれたゆえ文字は乱れがちだが、文章は無私の至情に一貫し、しかも簡潔で無駄が無い。死を直視しつつかく冷静、沈着に対処していることに改めて感動した。

危機に直面した時、人の真価が問われ、行動規範の有無が試される。佐久間大尉の場合、それは国家に対する「使命感」と部下に対する「思いやり」であった。極限の状況にあって彼を支えたもの、彼が証明したものは、この規範に対する「無私の姿勢」である。時代や国境を超えて人の心を動かす普遍性はそこにあり、同じ資質は現代の若者にも息づいている。

ただ、平和と繁栄は所与のものと思い込み、価値の軸を「損得」と「自己愛」にひっくり返してしまった最近の風潮では、「無私の心」は「愚かな奴」としか評価されない。「遺言」を読み返しながら、遠くの海に沈んだ人々にも惻隠《そくいん》の情を覚えた。

明治時代人の英語力

先だって、新渡戸稲造の『武士道』についての新聞記事を読んだ。明治維新から間もないころにアメリカで出版され、欧米で高い評価を受けたのちに日本語に翻訳された名著である。内村鑑三の『代表的日本人』も同じ経過をたどっている。両方を読み直してみて、改めて感銘した。

開国間もない日本人が西欧を的確にとらえ、それと対比した独自の日本文化論を展開している。しかも格調高い英文で正確に著述し、彼らをして感銘せしめたことは驚きである。同じころ、陸軍の明石元二郎は数ヶ国語を巧みに操り、ヨーロッパでの情報戦に大活躍した。これらの人々は明治の日本にとって特異な例ではなく、多くの同時代人の典型だったのだ。

それから一世紀を経た今日、英語力の低下を憂慮する声が高い。「耳から覚え、英語で考え、口で話す」ようにすべきだと皆が言う。

それならば鎖国から醒《さ》めて間もない明治の人々はどうやってかくも高度な英語力を身につけ得たのだろうか？　その鍵の一つが漢文の教養だったのではないかとふと思った。江戸時代を通じてエリートは漢学を基礎的な教養としてきた。漢文は日本語として読み下された漢民族の古典である。それは国語であると同時に第一外国語であり、人間学でもあった。いわば国語と英語の接線のような機能を果たしたのではないだろうか？　だから明治の人にとって、英語は第二外国語のようなものであり、現代人より身近だったのかもしれない。

父母いずれの言葉でもない英語をじかに身につけるには限界があり、正確で高度な国語能力という土台が不可欠である。漢文という接線を失った現代人にとってそれは一層切実になった。また、貧弱な教養やあいまいな思考は高度な言語を必要としない。英語能力の低下を憂えるならば、先ず着手すべきは国語力の向上であり、人間としてのコンテンツの充実ではないだろうか。

生き切る

中学から大学までずっと同期・同窓だった友人が亡くなって間もなく一年になる。彼は消化器外科の名医であった。言葉少なく、淡々としていたが、温かみを感じさせる存在だった。

人はみな幸せな眠りに落ちるように人生の幕を閉じたいと願う。それには死期を知り、生を制御しなければならない。「今の医学ならそれができるだろう。教えて欲しい」という友人が多かった。そんな時、彼は「もちろんできる。僕に任せてくれればいいよ」と答えるのみだった。

その彼が一昨年の夏に大腸がんの手術を受けた。「無理に切除して日常生活が不自由になるより、抗がん剤を使いながら取りきれなかったがんと一緒に生きる方が賢明だ」というのが以前からの持論であったが、秋には再び執刀するようになり、いつもながら淡々と談笑する姿に、だれもががんは根治したものと思い込んでいた。

ところが、昨年の今ごろ、再入院した。午前中はいつも通り患者の診察を済ませ、午後に自分から入院した時は既に末期であった。以後、家族以外のだれとも決して会うことが無かった。入院してすぐに点滴の薬などを医師と打ち合わせ、その後は半ば眠っているようになって行ったと聞き、元気な時に言っていた通りに「生を制御」してみせてくれたのだと感じた。

専門分野だから、すべてを見通していたに違いない。限界と判断し、再入院した時に彼は社会的存在としての人生を生き切り、自らの意志で幕を閉じた。その後の一カ月は闘病ではなく、移行だったのだ。身内の他には決して会わなかったのはそういう意味であろう。その身内も命旦夕《たんせき》に迫り、担当医師から告げられるまではやがて退院してくると思っていたそうである。沈黙は身内への思いやりと、任せられた医師への配慮からのように思える。

自らの生死をかく淡々と見つめ、黙々と生き切ったことを思い、一層の喪失感を覚えた。

旅のだいご味

旅行は日常からの脱出である。だから無計画、気ままで、思わぬ発見に出合う旅こそ望ましい。

学生のころの旅行はいつもそんなふうだった。思い立ったら同好の友人と誘いあわせ、とりあえず出かけてしまう。行く先は京都、奈良と決まっていた。集積の密度が濃く、徒歩でも効率良く見て歩けたし、行き当たりばったりの旅行者にも必ず何か新しい発見があったからである。

準急列車に八時間くらい揺られて京都駅に着くと、旅館の客引きが大勢いて、声をかけてくる。当時の相場は一泊二食で千五百円くらいだったが、それをできるだけ値切るのである。いざとなれば寺に泊めてもらうこともできた。

ある時、九百円以下ならと提示したところ「それは無理ですよ」と口をそろえる中で一人だけ引き受けてくれた。「無責任なことを」と言う声を後に、案内されたのは西本願寺の近くの小ぎれいとは言えない旅館であった。夕食の膳《ぜん》を見て驚いた。おのおの少しずつ違っている。刺し身の種類や煮物に芋の有る無しなどまちまちであった。「これが値段の秘密か」と皆で面白がったのを思い出す。

社会人になり、気ままな旅などと縁が薄れている間に時代は変わり、今は京都まで「のぞみ」で二時間あまりである。観光地の情報が氾濫《はんらん》し、旅行はセットメニュー化が進んだ。それでもいまだ隠れた発見が尽きないのが京都や奈良の魅力だと思う。

先年、所用のついでに秋の広隆寺を訪ねた。弥勒菩薩《ぼさつ》が有名すぎて、それまでは足を向ける気にならなかった。楠《くすのき》や白樫《しらかし》に囲まれた宝物殿の中央に美しい弥勒の像がライトアップされ、人の輪ができていた。しかし、それにも増して、ふと振り返った所にひっそりと立っている「不空羂索観音《ふくうけんさく》」を発見したことがうれしかった。天平時代特有の端正で伸びやかな像は久しぶりの新しい発見であった。

メダルの数

二十世紀最後のオリンピックは華やかに終わった。期間中は日ごろの無関心とは打って変わって日本中が愛国者になってしまう。だれもが日本選手の健闘に声援を送り、日章旗や君が代に胸を熱くする。きっと日本人の本当の姿はここにあるのだ。それを思い出させてくれるオリンピックは日本人にとって貴重である。

獲得したメダルの数がよく話題にのぼった。日本が獲得したメダルは合計十八個で各国の中で十四位にランクされる。ところがそのうち十三個は女子によるものであり、男子は五個に過ぎない。女子は世界で七位、男子は二十六位である。「二十一世紀の日本は女性にお任せするしかない。日本の男は駄目だ」と嘆く声も多かった。確かに他の国を見ると男女のメダル獲得数はほとんど相関している。オランダ、ルーマニアがやや日本と似ているが、それに比べても日本男児は断然不振である。

しかし日本の女子がずば抜けているのかというとそうではなく、むしろ世界標準に近いのだ。すなわち男子が世界標準のはるか下にいることになる。

それは多分こういうことなのだろう。古来、男子たるものは家族を守り、国を守るために必要なときは敢然と戦うことをその本分とされてきた。だから世界中のどこでも男子は「勇敢で、強くあれ」と教えられる。ところがこの五十年あまり、日本はこの男性的特質を遠ざけ続けてきた。「尚武の気風」「不抜の意志」などは死語となって久しい。そのような逆境の中であえて孤独な鍛錬に身を挺し、手にすることのできた五個のメダルは三倍くらいに換算すべきなのかもしれない。

二十一世紀を迎えようとしている今、この日本男児のありようは世界に先駆け、未来を先取りしていると見るべきなのか、それとも単に世界標準から孤立している異質な社会を映しているに過ぎないのか？

木犀の生け垣

名古屋での住居は、古い邸宅の敷地に建てられたフラットである。武家屋敷風の黒い門をくぐり、玄関口に至る十間《けん》ほどは、外壁と平行した石畳で、石畳と建物の間は目隠しの生け垣となっている。そして玄関の前に木犀《もくせい》の古木がある。

木犀は香りの良さが身上と思っていたが、散った姿が格別であることを、ここに移ってきて実感した。夜のうちに落ちた花が、朝湿りした石畳や黒土の上に、金色の真砂のように敷き広がる見事さは、それがつかの間のものと知るだけに、いっそう貴重に思え、「落花の雪に踏み迷った」という古人がしのばれた。また、地面から匂《にお》いたち、よどんでいる芳香をかき乱すまいと思わず息をのむこともある。春の桜、秋の木犀はまさに好一対に思える。

そんな感興も薄れかかる十二月初めのある宵、石畳を歩きながら花の香りが漂っているのに気づいた。昨年のことである。その香りはかすかではあるが、確かに辺りを満たしていた。こんな時期に何の花かと思い、翌朝に確かめてみると、黐《もち》の葉を丸く小ぶりにしたような生け垣の葉かげに小さな白い花がチラホラとつき、良い香りを発している。何年も気づかなかったのが不思議でないほどに目立たぬ姿であった。出入りの植木職人に尋ねて「丸葉ひいらぎ木犀」であることが分かった。

心の冬支度が整ったころになってからそっと香る花は、過ぎ行く秋への未練を誘うようにも、来るべき春への期待をかき立てるようにも感じられ、生け垣に用いた人の配慮がゆかしかった。

人は日々驚きや感動を刻みつつ年を重ねる。しかし自然が移り、人が変わるにつれ消えうせ、思い出の中だけになってしまうものが増えていく。そして年齢とともに忘れてしまうことも多くなる。だからこそ新たな感動や驚きに遭遇するのは嬉《うれ》しいことである。今年もあの生け垣は花をつけるだろうか？

もみじ狩り

大井川のもみじは古くから和歌などにも名高い。その源流は南アルプスに発し、鉄道の終点から先は製紙会社の私有地である。紅葉のころ、そこを案内してもらったことがあった。川床や林道をジープで登っていく。水の音のほかに聞こえるのは自分たちの声とそのこだまのみ。濃淡、色とりどりのもみじが山を覆い、谷を埋め尽くしていた。狂おしいほどに複雑で鮮やかなその色彩は研ぎ澄まされた静寂のなかで、ある種の緊張感を醸し出す。

能楽に「もみじ狩り」という曲がある。奥山に狩をする平維茂が高貴な女性らしき一行に出会う。維茂はもみじ狩りの酒宴に誘いこまれて杯を重ね、そのうちに眠りこんでしまう。すると貴婦人たちは鬼の本性を露《あら》わにし、襲いかかってくる。それを維茂が退治するという物語である。大井川源流のもみじを見たときに、妖艶《ようえん》な美女が鬼に豹変《ひょうへん》するというイメージの必然性が納得された。

はるか昔、アメリカでメープルの黄葉を見に行った。メープルはウィスコンシンの州木である。アメリカ人たちも彼らなりの「もみじ狩り」を楽しむ。小高い丘の上から見晴らすと、黄一色に染まった森が緩やかにうねりながら地平線まで広がっていた。天地を青空と黄葉で二分する眺望は壮大である。ピクニックに来ていたアメリカ人の一行が感嘆の声をあげていた。明るい黄一色の地平に似合うのは温かいパンケーキの匂いであり、「鬼女」ではない。

山や地平を望見する巨視的なもみじ狩りも良いが、歴史の足跡を舞台に営まれる日常と混在しながら、それぞれに色づいては散っていく一本一本を眺める古都のもみじ狩りは日本ならではのものである。古来、幾人が自分と同じように眺めただろうなどと考えながら座っていると、長い歴史の一部に自分自身も溶け込んでいるような安心感を覚える。京都のもみじはこれからが盛りである。

ポピーデー

十一月上旬のロンドンは時雨《しぐれ》模様だった。折々差し込む淡い日差しに、公園の橡《とち》や鈴掛《すずかけ》が映えて、薄茶や黄色の陰影ある風景を織り成していた。

そんななかで、道行く人々が胸にさす直径五センチ程の赤い花の記章がひときわ浮き立って見える。訪問先でも皆がつけていた。人に尋ねて、それがポピーをかたどったボール紙製の記章であることを知った。

第一次世界大戦の停戦は十一月十一日だった。その日に至近の日曜日を停戦記念日と定め、今でも第一次・第二次両大戦の戦没者を慰霊する。その三週間前から人々は赤いポピーを胸につけて死者をしのぶので、その日は「ポピーデー」とも呼ばれるとのことだった。

なぜポピーがシンボルなのだろうか。それは、一九一五年五月に書かれた「フランダースの戦野で」という詩からきていた。「フランダースの野には、見渡す限りポピーが風に吹かれ、墓標の列を埋め尽くしている。そこに我々は眠っている」というフレーズでそれは始まる。激戦地だったフランダースの原野はその年、いまだかつてないほどのポピーに覆われたという。アメリカでもベテランズデーには同じ詩にちなんでポピーをつけると聞いた。

同胞の安寧を念じ、命を国に捧《ささ》げた人々は日本でも数多い。そうした人々の思いに対して、今の日本は無関心過ぎるのではないだろうか。無私の自己犠牲をしのぶのに、外国に遠慮したり、ためらったりする必要は無い。赤いポピーに託して、捧げられた命の重みを今なお思い出し続ける英国の人々に共感を覚えた。

「死者との誓いを破るならば、我々は眠りにつかない。フランダースの野にポピーは咲きつづけようとも」と詩は結ばれている。子供のころ、父から口伝えで教わった和歌が胸に浮かんだ。「ますらをのかなしきいのちつみかさねつみかさねまもるやまとしまねを」

さすらい人

「さすらい人」は好きなシューベルトの歌曲の一つである。

「ひそやかに、喜び少なく私はさすらう。日差しは冷たく、花は色あせ、人は老いて見える。自分はどこへ行ってもよそ者に過ぎぬ。希望が萌《も》え、花が咲き、仲間たちのいる地はどこにあるのか？　いつも自問し願望を胸にさすらうが、現世でたどり着くことは無い」。歌はこんな風に展開していく。

人生を旅にたとえ、その曲折を歌うのは洋の東西を問わない。だが、旅の雰囲気は随分異なる。シューベルトの「さすらい人」は人間から孤立し、自然もまた冷ややかである。救いの無い疎外感、これが欧米人の人生観なのだろう。

芭蕉は日本を代表する「漂泊」の詩人である。しかし、彼の漂泊からはやりきれなさはにじんでこない。芭蕉の場合はいつもそばに人のぬくもりを感じる。彼は人と連れだって立ち、悠久の時間や無辺の自然に身を委ねている。「侘《わ》び」というものは結局、「旅は道連れ、世は情け」という土台の上に乗っているのだ。

人間から孤立し、冷たい自然にも耐えて歩き続けるのが欧米人の旅だとすれば、人と連れだって穏やかな自然の中に漂うのが日本の「漂泊」のようだ。そういえば欧米人は人里離れたリゾートを好む。そういうところで日向《ひなた》ぼっこをして海を見たり、本を読んだりするとリラックスするらしい。日本人の多くはにぎやかな「道連れ」を求める。ヨットに乗って海原に漂うと開放感を感じる欧米人は多いようだが、見渡す限り、自分しかいなくなったら多くの日本人は突風や潮の流れが気になってくつろぐどころでは無いだろう。

見知らぬ人を潜在的な「脅威」と見るか、「友人」と見るかの差、自然を冷たいと見るか優しいと見るかの差が根底にあると思う。「個の確立」とはこういうことなのか？歌曲を聴きながら、とりとめの無いことを考えているうちに夜が更けてしまった。

決断の国民性

一部の学生が大学改革を叫んで授業を放棄した。「カリキュラムの決定ならびに教授陣の任免を学生にゆだねよ」という乱暴な要求だったが、ベトナム厭戦《えんせん》を底流に、数日後には一万人以上が同調する騒ぎとなった。一九六九年の早春、米国留学先でのことである。

二百人足らずの警察力では対処不能と判断した大学当局は州兵の出動を要請した。総勢三千人余りが体育館、運動場に設営、その日から建物の出入り口を州兵が固めた。州兵司令官はあらゆる媒体を通じて、現場指揮官は秩序維持に必要なら銃器を使用するよう命ぜられていること、従って建物を占拠しようとして負傷しても本人の責任であることを布告した。一方、大学当局は授業を放棄した教員は解雇すると発表、程なく授業は正常に復した。数日後、キャンパスはあたかも何事も無かったかのように平穏であった。

沈静化後、大学側の提案でテレビ討論が行われたが、学生組織は参加を拒否した。スタジオに電話で質問をすると教授陣が画面を通して答えるという形で市民や一般学生との対話が行われ、大学当局への世論の支持は確固たるものになった。

同じころ、東京大学は一年間にわたり学生紛争によるマヒ状態が続いていた。しびれを切らした一般学生が立ち上がり、学生同士の衝突が必至となってようやく大学当局は警官の出動を要請、秩序が回復された。「学生の負傷を避けるための緊急避難」という理由だった。ぎりぎりまで決断を先送りにし、他に術《すべ》の無い状況になってから受け身の対応をする日本のやり方と、公共施設の管理義務に基づき、速やかに決断し、理詰めに対処した米国流。まさに対照的な事例だった。

さまざまな問題についての日米間の行き違いを見聞きするたびに、このときのことを思い出す。同じ問題に対する両国の対処法の差異を典型的に映していると思うからである。

歴史の真実

「歴史の真実は半世紀は経ないと明らかにならない」。中西輝政京都大学教授はその実例として、昨年十二月にロバート・スティネットが著した『デイ・オブ・デシート（ぎまんの日）』を挙げ、「真珠湾攻撃の論争はこれで終わりとなるだろう」と言った。

ルーズベルト大統領はチャーチルに参戦を約束していたが、アメリカが直接攻撃を受けない限り、国論を統一できないと判断した。第一撃は日本に加えさせなければならない。日本を追い詰めるための最後の手段として全面禁輸措置が発動された。日本海軍の暗号は解読され、ルーズベルトは真珠湾が攻撃されることを知っていたが、その情報は握りつぶされた。

歴史は主役のために書かれたドラマであり、演出である。客観的事実はシナリオに沿って封印され、葬られたりもする。時とともに主役は入れ替わっていくが、事実は風化に耐えて残る。半世紀という時の流れは、主役が世を去り、生き証人が存命する接点にある。機密文書の封印は時の経過とともに風化し、葬られたはずのものが生き延びて表面化する。『デイ・オブ・デシート』はそのような生き証人や、公開され、発掘された多くの文書を駆使してち密に真珠湾の秘密を明かしたとされる。

その日のチャーチルの回顧録は「アメリカは参戦した。(中略)我々は戦争に勝ったのだ。満足して私は床につき、救われた気持ちで感謝しながら眠りについた」と応じている。アメリカという国の戦略的で冷徹な思考に比べ、日本が悲しいほどにナイーブで情緒的だったことを思い知らされる。

しかし二十一世紀の日本の安全や繁栄を考えると、このアメリカの戦略性ほど心強い味方はない。大陸と向き合う太平洋地域の安定がアメリカにとって不可欠であり、それには日本の協力が必須である。それにしても日本は歴史の紙背を見通す洞察力を磨くべきだと思う。

忘れ得ぬひと

昭和五十四年の三月末、静岡から仙台に転勤した。往路、黄色く熟れたみかんや茶の畑越しに見る駿河湾は春の色にかすんでいた。上野から特急「ひばり」に乗り換えて宇都宮あたりを過ぎると山路である。ほうきを逆さに立てたような山の風景が心細さを誘った。仙台駅に着くとあたりは暗く、みぞれが降り注いでいた。そのときに駅に迎えに出てくれていたのが文書課長補佐のSさんだった。堂々たる体軀《たいく》の彼は笑顔が温かく、言葉ににじみ出る誠実さと、巧まざるユーモアが寒さを忘れさせてくれた。

国鉄は大きな組織だったので、見知らぬ土地に転勤し、初めての分野で管理職に就くのは常のことであった。広島を振り出しに、名古屋、静岡、仙台で地方勤務を経験した。そんな時に一番大切なのは、誠実で信望のある地元の人と信頼関係を築くことである。

「外交は恋愛である」というタレーランの言葉は有名であるが、組織を統率するのもまた然りである。人が好きになり、土地が好きになり、それが信頼感としてフィードバックされれば仕事は八〇パーセント成功である。

かくして、勤務するごとに「忘れ得ぬひと」が生まれ、数を増して今日に至った。転勤になれば仕事の縁は薄れる。しかし、友情はそれから心の中で育っていく。Sさんは数あるそんな人たちの典型で、退職して自適の生活に入った後も家族ぐるみの友人だった。

二年ほど前の春、彼が突然、腎《じん》不全で倒れた。小康を得たと聞き、当時の同僚と塩釜の自宅に見舞った。声は細かったが、持ち前のユーモラスさが眼色にひらめくのに安心して辞去する際、すっかり細身になった彼が門口まで見送ってくれた。その時は「のうぜんかづら」が真っ盛りだった。

先日の初雪のニュースに、みぞれの中で迎えてくれたときの姿を思い出した。今は健康も安定していると聞く。来春になったら二十一世紀を共に寿《ことほ》ぎたいと思った。

黄河の水

黄河の水が最近はなかなか河口まで届かないという。「断流現象」は一九九七年には二百八十二日にも及んだ。上流の乾燥地域での大規模な灌漑《かんがい》がその原因である。黄河下流域は古来より穀倉地帯だったが、今や灌漑を地下水に頼らねばならなくなった。地下水の下層から塩水が上昇し、穀倉地帯の砂漠化、不毛化が問題となっている。

このエピソードは二十世紀を物語り、二十一世紀の課題を示唆している。二十世紀は人間の英知に対する信仰の世紀だった。技術進歩はその成果であり、証でもある。人は豊かになり、人口が爆発的に増加した。しかしそれが広範な資源の浪費と自然破壊を代償に得られたことに人々は最近まで気づかなかった。森林が減少し、大気が汚染され、エネルギー資源が一層希少化した。そして水を自然の循環では賄えない地域が増大した。水は生命そのものである。黄河の水の枯渇と耕作地の不毛化は自然界からのメッセージを伝える。

二十一世紀には人間の欲望はいや応なしに自然の摂理に折り合いをつけねばならないだろう。「私は人類の英知を信じたい」というような言い逃れから人々は引き戻されるだろう。奔放な自己主張やナルシシズム、浪費は評価を失い、謙虚、質実、勤勉、調和や秩序が復権するだろう。個性の主張はブランド品のような「もの」ではなく、「こころ」の有り様に向かうだろう。家族に、先祖に、伝統に、固有の文化に誇りを持ち、それらをはぐくむ土壌としてこの「くに」を大切にしあう本来の心情に人々は回帰するだろう。

二十一世紀は現実を直視し、本音をぶつけあう世界となるに違いない。人命の重みを知り、言葉の自由を大切にする国々が仲間であり、対等の責任を果たし合うことにより信頼を結び、互いに護《まも》りあっていかねばならない。日本はいつ自己催眠から覚せいするのだろうか？　安定的なアジアの二十一世紀はそれにかかっている。

コラム

千思万考

学び、考え、行動する　三つそろって「有為の人」

「人を創る」のは二十一世紀日本の最も基本的な課題である。そのためには、初中等教育が肝要である。まず重視しなければならないのは「学ぶ」ことの大切さだ。「学びて思わざれば則《すなわ》ち罔《くら》く、思いて学ばざれば則《すなわ》ち殆《あやう》し」。基礎となる知識や先人の知恵をまず学ぶことから始めるべきであり、そのためには謙虚で真摯な姿勢が必要だ。それもできるだけ効率的に詰め込むことが大切だ。その上で、自由に柔軟に思考を巡らしたときに、初めて生きた学問を身に付けたことになる。

学び、考えても、結論を出さない人、結論を出しても行動しない人は、口舌の徒でしかない。十分な基礎知識に立ち、現実を直視して判断し、行動する。この三つがそろって初めて「有為の人」と言えるのであり、日本はそういう「人を創る」必要性を認識すべきだ。最近の世相を見ると、厳しい現実から目をそらし、思考を停止する風潮が強まっている。また、気の利いた評論をするばかりで、責任を持って行動することのない人が目立っている。ポピュリズムの風潮は、このような土壌の上に繁茂する。

（2004年12月20日付　日本経済新聞朝刊「イノベートジャパン」広告特集より一部転載）

功利主義と国家否定が公の精神を失わせた

たとえ、学び、考え、行動する習慣が身についたとしてもそれで十分とは言えない。学び、現実を直視して考え、決断し、行動し、成果を得るというサイクルを正しく回転させるには、合理性、一貫性だけでは不十分であり、大義と名分を重んずる心に裏打ちされなければならない。そのためには正しい価値観とそれを規範として行動する自己規律を身に付けさせる必要がある。

大義を重んずるとは何か。それは、無私を心掛け、自分自身よりも大きな存在に奉仕することで達成感を覚えることだ。自分自身に加えて、家族でも、会社でも、地域社会でも、国や世界でも、自分を超える何ものかの中に自分を位置づけることによって、人は安心し、自己実現と人生の達成感を体得する。そのことを具体的に教え、身に付けることが大切だと思う。

そのための最も手近な教材は歴史の中に見いだすことができる。抽象的な教義を講ずるよりも、具体的な場所、特定の時代、特殊な状況の中で、一人の個人、特定の人間集団がどう考え、どう決断し、どう行動したかを見ることを通じて、人は人間学を学び、自分を超える大きいものの中に自分を位置づけることの大切さを知るのだと思う。

戦後の教育は、損か得か、楽か難しいかという功利主義的な尺度に偏り過ぎていた。苦しい道であっても価値のあるものを大切にする。そういう価値観に目を閉ざしてきた。また戦後の教育には、公、なかでも国家の価値を否定する思想が一貫して流れている。そのことの結果として、自分を超えるもの、すなわち、公に奉仕する精神が失われていることは否めない。二十一世紀の人創りはそこを見直すところからスタートしなければならない。


（2004年12月20日付　日本経済新聞朝刊「イノベートジャパン」広告特集より一部転載）

III

追悼文

かけがえのない友、葛西さんを偲んで

杉田 和博

私が葛西さんと出会ったのは1993年、葛西さんがJR東海の副社長、私が神奈川県警本部長の時でした。

当時、霞が関にあって彼はよく知られる存在でした。中曽根政権のもとで国鉄が分割民営化された1987年、その時葛西さんはまだ40代。彼はその若さで42万人を抱える巨大企業の前途に道筋をつけた。戦後最大の改革と言われる国鉄改革において彼は分割民営化の流れを決定付ける役割を果たし、過激な労働運動で有名だった国鉄の労働組合を相手にして、20万人もの要員合理化、そして余剰人員の雇用対策をやってのけた。彼の存在が国鉄改革を可能にしたと言っても過言ではありません。

一方、私も国鉄改革に携わっていた当時の後藤田官房長官の秘書をやっていたことから、初対面なのに随分話が盛り上がったことを覚えています。その中で印象に残ったのは、彼が「自分たちは労働組合と向き合う中で、決して現実から目を背けるようなことはしなかった」と熱く語っていたことです。現実から目を背けない、言葉で言うのは簡単ですが、厳しい現実を目の当たりにすれば誰しも逃げ出したり、妥協したりしたくなる。しかし彼からはそれを許さない強さを感じました。

ＪＲになってからも経営への影響力を維持しようとする労働組合に対し、葛西さん自ら先頭に立って対峙していた。それゆえに卑劣な攻撃に晒されることは一度や二度ではなく、何度か私も相談に乗ったことがありますが、ここでもわが身を挺して闘うという彼の強さは変わりませんでした。

その後、私は警察庁警備局長として阪神淡路大震災やオウム真理教事件などの対応にあたりますが、そうした中で葛西さんとも折に触れ意見交換をするようになります。彼はこれまで数々の修羅場を経験してきただけに、どんな問題に対しても冷静に分析し、的確な判断をする。特に周りの雰囲気に流されるような判断は決してしませんでした。

こうして始まった葛西さんとのお付き合い。約30年間にわたり、しかも随分深いものとなりましたが、その中で私がいつも感心させられていたことがあります。それは彼の中に常に日本という国家の存在があったこと。国鉄改革はもちろんＪＲ東海の経営にあたっても常に日本のことを真っ先に考えていた。日本の財界を見渡しても、彼ほどスケールの大きな経営者を私は知りません。

国鉄の分割民営化により発足したＪＲ東海の経営は当初盤石とは言えなかった。そのような状況にあって彼は目先の自社の利益を追うのではなく、「いかに国家の発展に貢献するか」という大きな尺度で、将来を見据えてビジョンを描き、これを戦略的に進めてきた。それが現在の東海道新幹線の安全性や利便性、さらには会社の発展をもたらしたのです。

超電導リニアの開発に力を注いだのも国家への貢献が念頭にあったからです。数十年以内に巨大地震が予想されている中、東京─名古屋─大阪を結ぶ大動脈の二重系化を急がなければならない。そしてそれを東京─大阪間約70分という新たな革新的技術で実現し、日本の発展やライフスタイルの多様化をもたらす。そういう日本の未来が彼の頭の中にはありました。そして新幹線事業が一つの完成形に達した会社を、新たな意義深い事業によって活性化させなければならないとも考えていた。

ただ、そこで発想が終わらないのが彼です。日本を取り巻く地政学的な状況を踏まえると、日本は自国の安全保障のために米国と手を組む他に道はない。そして日本が超電導リニアの技術を持つことは、日米安全保障をより確かなものにするために役立つはずだ。彼はそこまで熟思していた。

彼は、日本が何ら役割を果たさないまま米国に安全保障のすべてを依存する関係は維持できないと考えていた。だからまずは日本が自立した技術や能力を持つこと。そしてそのうえで、常日頃からお互いの国の基幹産業が協力し合い、米国に「やはり日本と組まないと駄目だな」と心底思わせるくらいの関係を構築しておく。それが日本の安全保障を確かなものとするために必要だというのが葛西さんの考えでした。だから手塩にかけて育てた超電導リニアを米国のワシントンDC—ニューヨーク間に導入するというプロジェクトに力を入れたのです。

また鉄道以外の分野においても、葛西さんには国家公安委員など多くの公職を通じて日本の政策に力を貸していただきました。その代表が宇宙政策です。葛西さんは、政府の宇宙政策委員会の委員長を、前身の組織も含め、お亡くなりになるその日まで通算12年にわたって務めました。これからの国家戦略において宇宙政策の重要性は日を追うごとに増していますが、当時の国内ではそういう認識が充分ではなかった。そこで財界人の中で、群を抜く知識、統率力、発信力を持つ葛西さんがふさわしいと考え、私が声をかけたのがきっかけでした。

それまでの日本の宇宙政策は純粋科学の色合いが濃く、予算も充分ではありませんでした。そのような中、葛西さんが中心となって、安全保障面における宇宙政策の重要性を確認するとともに、日本版ＧＰＳとも言える準天頂衛星システム「みちびき」を打ち上げるなど着実に成果を出し、予算も年間５０００億円規模にまで増やしました。彼の力が大きな推進力となって日本の宇宙政策がうまく軌道に乗った。今後、宇宙政策が日本の強みとなっていくことを彼も願っていることでしょう。

日頃の保守的な主張や、伊勢神宮や靖國神社などで崇敬者総代を務めていたこともあって、世間では葛西さんのことを「右翼的」と見る向きもありますが、それは大きな誤解です。

葛西さんが国家を大切にするのは、しっかりした国家があってこそ日本人が永く平和を享受し、幸せでいられると考えていたからです。決して「右翼的」だからではありません。一言で言うならば「realist」（リアリスト）。彼を表現するならばこの言葉が一番しっくりきます。

そして長くお付き合いを続ける中でもう一つ驚いたことがあります。それは葛西さんの好奇心の強さです。いろいろなことを勉強したい、やってみたいという意欲にあふれた人でした。

まず、大変な読書家でした。彼の部屋に行くと前後左右本ばかりで、まさに博覧強記。ただし、単に本を読み漁っていたわけではありません。彼はリーダーたるもの「人間学」を修めなければならないと常々言っていて、彼自身、歴史の本を通じて人間のことをよく学んでいた。人間をよく知っているから組織をまとめることができたし、いざ闘いとなった時には無類の強さを誇った。それでいて人情と温かみを持ち合わせ、本当に周りの人を大切にしていた。

最近、自宅の本を整理していたら、葛西さんからもらった本がたくさん出てきました。彼は自分が読んで面白かった本を会う人会う人に配っていた。リチャード・ニクソン元米大統領の『指導者とは』やシャルル・ド・ゴール元仏大統領の『剣の刃』を贈られた人は私の周りにも大勢います。

漢詩は諳《そら》んじるし、歴史にも非常に詳しかった。東大法学部時代に師事した政治学者の岡義武さんを敬愛していて、その著書『山県有朋　明治日本の象徴』の影響なのか、山県有朋をとりわけ評価していました。

そして真骨頂である好奇心の強さは、趣味でも遺憾なく発揮されました。俳句や謡曲にのめり込み、その姿は文化人さながら。謡曲に関しては、「あなた声がいいね。一緒にやろうよ」と唐突に誘われて以降、練習や発表会でご一緒させていただきました。その一つひとつがいまでは懐かしい思い出です。

2021年10月に、約9年間務めてきた官房副長官の職を辞して以降、私はJR東海の顧問として、週1回ほどのペースで会社に顔を出しています。葛西さんがいたころは出社すると一緒に食事やお茶をしながら、じっくり2時間はお話ししました。1歳違いの同世代としてこれまでの人生を振り返ったりもしましたが、多くの時間は日本の今後についての議論でした。

「杉田さん、日本はこれからどうなるんだろうか?」。行く末を案じ、葛西さんが私にそう問いかけたのは一度や二度ではありません。そしてよく「安倍さんに頑張ってもらうしかない」と口にしていました。

安倍元総理と葛西さんの出会いは、2002年ごろだったと思います。葛西さんは東大で同級生だった与謝野馨先生と二人で霞が関の官僚や民間企業の有望株を集め勉強会をやっていた。その折、「若手でいいのがいる」と与謝野さんから紹介されたのが安倍さんでした。

靖國神社「みたままつり」にて

葛西さんは安倍さんに惚れ込み、政治家としてだけでなく一人の人間として支えていくことになります。第一次政権を志半ばで退陣した直後は安倍さんにとって最も辛い時期だったでしょう。その時、葛西さんは一生懸命安倍さんを励まして再起を促していました。だから安倍さんも恩義を感じていた。葛西さんは安倍さんの進む道を静かに見守るという感じでしたが、本を何冊か薦めたりしていました。そして安倍さんもその本をよく読んでいた。

葛西さんが入院して以降、彼が面会したのはご家族を除くと安倍さんだけでした。そして最後の面会の際、「日本の将来を頼みます」と安倍さんにその想いを託し、翌週5月25日に息を引きとることになる。自身の死の迫った状況でも、心配するのは自分の身ではなく日本のこと。葛西さん、あなたは最期の最期まで葛西さんでした。

しかしその安倍さんもその後間もない7月8日、凶弾に倒れることになる。そして葛西さんに捧げる弔辞を読んだ増上寺の同じ場所で、安倍さん自身の葬儀が執り行われる。運命の過酷さに言葉もありません。

「杉田さん、日本はこれからどうなるのだろうか?」。日本を牽引したリーダー二人が立て続けにこの世を去ったいま、これを見通すことはより難しくなりました。

しかし好奇心が強く人と関わることを好んだ葛西さんの周りには、その人望や考えに惹かれ多くの優秀な人材が集まり、彼の言葉に耳を傾けていた。彼は将来の種まきも怠らなかった。彼の遺志を継いだリーダーが現れ、彼が愛した日本を守っていくことを願って止みません。

かけがえのない人生の友、葛西さん、ありがとう。心よりご冥福をお祈りします。

杉田和博氏略歴

1941年生まれ。66年、東京大学法学部卒業後警察庁入庁。中曽根政権下で後藤田正晴官房長官の秘書を担当。島根県警察本部長、神奈川県警察本部長、警察庁警備局長を経て97年内閣官房内閣情報調査室長（後に内閣情報官）に就任。2001年内閣危機管理監に就任後04年に退官。12年の第二次安倍内閣発足と同時に内閣官房副長官に任命される。以後21年の退任まで約9年間務め、在任期間は歴代最長。

二人の国士《さむらい》　安倍総理と葛西敬之会長

櫻井 よしこ

「人生に思い残すことはないが、日本の行く末が心配です」

入院中の葛西敬之さんを見舞われた安倍晋三元首相に、葛西さんはこう語られたという。

右の安倍総理の言葉は、2022年6月8日、雑誌『月刊WiLL』の企画で、亡くなった葛西さんを偲んで対談した時の述懐である。

葛西さんのご逝去からひと月半、右の対談からわずかひと月、今度は安倍総理が非業の死を遂げられた。何ということか。私は天を仰いだ。

類い希《まれ》なる愛国の財界人と、日本の指導者から世界の指導者に駆け上がった安倍総理、このお二人を続いて喪《うしな》ったことにおし潰されそうになった日本人は私だけではあるまい。葛西さんを偲べばそこにはいつも安倍総理の面影がある。私の気持ちの中ではどうしてもお二人が重なってしまう。

お二人共ご家族を愛し、祖国日本をこの上なく大事にし、誇りにしておられた。お二人共に生涯闘い続けた。お二人の闘いは私利をこえた日本国のための闘いだった。個々人の幸せと安寧は国家の安泰と繁栄に支えられていることをお二人は知っていた。さらにお二人は中国との関係に最大の懸念を抱いておられた。

日本の長い歴史において対中関係は常に最重要課題の一つだ。葛西さんは財界の雄として隣国との関係を厳しく捉えておられた。日本の優れた技術は日本国さらに世界のために役立たせるものであって、これを中国に奪われるようなことは防がなければならないと心を定めておられた。その信念は台湾への新幹線の技術移転の促進につながり、逆に中国への移転に対しては断固拒否となった。

財界人として、このような判断が容易であろうはずはない。新型コロナウイルスが武漢から世界中に広がり、プーチン露大統領の対ウクライナ侵略戦争が始まり、世界が二つの陣営にブロック化されていく中で、いまやサプライチェーンの防御はどの国にとっても最重要課題となっている。だが、葛西さんはこのような状況が発生するはるか以前からサプライチェーンの重要性を明確に認識しておられた。技術、資源、部材、部品など肝心なものは他国に過度に依存せず自前で持つ。自国の最先端技術は守り通し、価値観を異にする国への移転には慎重であり続ける。米国を筆頭に西側世界が真剣に取り組んでいる今日の課題を葛西さんは先取りして実践してこられたのだ。

日本が世界トップ水準の国であり続けるために世界一の輸送インフラの構築が必要だ。葛西さんはそう考え、新幹線に心血を注いだ。そして新幹線後の日本国の大動脈として超電導リニアを構想した。その完成が待たれる中で葛西さんは旅立たれたが、完成の早いことを、きっと天から見守っておられることだろう。

前述したように葛西さんの思い出は、多くの場合、安倍総理の思い出と重なる。お目にかかって食事を共にする時などはいつも談論風発だった。会合では葛西さんはいつも朗らかで饒舌だった。日本を、知的で雄々しい本来の姿に立て直すには、教育はいかにあるべきか。企業と政治は何をすべきか。熱い想いが言葉の波となって溢れ出る葛西さんの様子に、安倍総理が笑いながら仰ったことがある。

「まるでナンバースクールの寮のようですね」

葛西さんはまさにナンバースクール的な教育を復活させたいと考えていた。それが海陽学園である。

旧制高校では学生たちは多くの書を読み、語らうことで鍛えられたという。思索を深め、文武両道の教育の中で徳を磨き高潔さを身につけた。個人から発して国家を考え、世界を見渡すことのできる人材が旧制高校の教育の中で雲霞《うんか》の如く生まれた。国と民を守るエリート集団を輩出したのだ。戦後の日本はエリートを否定したが、エリートの存在なしには日本の未来展望は暗い。

葛西さんは日本国と世界に貢献できるエリートを育てたいという想いから海陽学園を創設した。ある日、私は見学の機会を得た。広く海に向かって立つ学舎、生徒たちの寮での暮らしぶり、企業から派遣されたお兄さん役の指導者との対話、読書とスポーツなどによる精神と肉体の鍛錬の徹底——。もし私に子供がいたら、必ずこの学校に入れたいと思ったものだ。そう告げると、葛西さんは本当に嬉しそうに表情を和ませた。

葛西さんは永遠の青年だった。正しいと信ずる道は曲げなかった。目的には科学的かつ理性的に迫った。合理的に段取りして正攻法を貫いた。妥協も筋の通らないこともしなかった。人に対しては信賞必罰で公正を旨とした。同志との信頼を大切にした。葛西さんの五体には熱い血が流れ、闘志の泉が噴き出ていた。そんな葛西さんにとって旧国鉄ほど耐え難かった組織はないだろう。自衛隊よりもはるかに巨大な国鉄労組左翼勢力を葛西さんは無力化し、世界に誇る現在のＪＲ各社に生まれ変わらせた。その構想力と実行力にはただただ感服する。

労組相手に怖い者なしで闘った葛西さんは、憲法改正の意見表明にも積極的に参加してくださった。私は「美しい日本の憲法をつくる国民の会」の共同代表を務めているが、私たちの提言や会合への賛同表明を葛西さんは一度も断ったことがない。

そんな葛西さんを見ていて、私は福沢諭吉翁の言葉を想い出す。

「立国は私《わたくし》なり、公にあらざるなり」

国は国独りで成り立つのではない。何もしなくても当然のようにそこに存在し続けるものでもない。国民が志を果たし、責任を全うし、国を愛し、国を支えることで初めて国は成り立つ。そして存続する。国家に健全な土台がある時初めて、国民は各自の人生を全うすることのできる環境を与えられる。

葛西さんは財界人としての自らの責務に加えて、国を担う責務を実感しておられた。エリートの筆頭であり、真の国士《さむらい》だった。葛西さんを偲んで安倍総理が次のようなエピソードを語られた。

2013年12月第二次安倍政権発足1年の節目に、安倍総理は靖國神社を参拝なさった。オバマ政権は「失望した」との声明を出した。そのとき葛西さんは米民主党の元上

2017年6月、山梨リニア実験センター・リニア車内にて

院議員らの前で反論なさったそうだ。

「同盟国に『失望』という言葉を使うのはいかがなものか。東京大空襲や広島・長崎への原爆投下によって、無辜《むこ》の民間人が犠牲となった。それでも、戦争に敗れた日本人は米国を責めずに耐え忍んできた。日本人は礼儀正しく、本音を言わないことが多い。しかし、英霊への敬意と尊崇の念を否定するのであれば、我々も口を開かざるを得ない」

安倍総理が想いを込めて語った。

「葛西さんの言葉に、その場にいた米国人は驚き、そして深く納得したそうです」

葛西さんは折に触れて少なからぬ書物をくださった。あるいは読むようにと推薦してくださった。その中の一冊に『佐久間艇長の遺書』がある。いただいたたくさんの書の中で、葛西さんにとって特別の一冊だったのではないだろうか。人生を完結するにあたって斯《か》くありたいという理想の姿を佐久間艇長に見ておられたのではないか。

病を得てご自身で見極めをつけた時、葛西さんはご家族を集め、自分はもはやこの家に帰ってくることはないだろうと別れを告げて病院に入られたという。以降はご家族以外、安倍総理を唯《ただ》ひとりの例外として、どなたとも面会することなく、生涯を終えられた。静かにご自分の生涯を振り返りつつ、「人生に思い残すことはない」と得心なさったことを安倍総理に伝えておられる。見事な人生であったと思う。

私といえば2021年、11月10日に葛西さんと対談の機会を得た。今生での最後の対談だった。その後、葛西さんは私にはあと3年くらいは大丈夫と言い続けられた。私はそれを信じ、病身の葛西さんに時折電話をし、最後まで助言をいただいたりした。振り返れば、今さらながらわが身の至らなさに恥入る。葛西さんにはお世話になったすべてのことに心からお礼を申し上げたい。数々の機会に語り合ったことを忘れずにいたい。葛西さんのように立派な日本人として生きるべく精進し、憲法を改正して必ず日本を立て直したい。葛西さん、本当にありがとうございました。

櫻井よしこ氏略歴

1945年生まれ。米国ハワイ州立大学歴史学部卒業後、71年より「クリスチャン・サイエンス・モニター」紙東京支局勤務。日本テレビニュースキャスター等を経て現在はフリージャーナリストとして活躍。2007年に国家基本問題研究所を設立し、理事長に就任。国防、外交、憲法、教育、経済など幅広いテーマに関して日本の長期戦略の構築に挑んでいる。12年に「言論テレビ」を開設し、毎週内外のゲストを迎えて対談番組をネット配信している。

1995年、『エイズ犯罪　血友病患者の悲劇』（中公文庫）で第26回大宅壮一ノンフィクション賞受賞。98年、『日本の危機』（新潮文庫）など一連の言論活動で第46回菊池寛賞受賞。2010年、第26回正論大賞受賞。

コラム

千思万考

日米中の関係は正三角形の3極ではない

21世紀を生きていくうえで日本は様々な課題を抱えているが、いま一番必要なことは、国際政治的、地理的な位置づけを明確に認識することだ。中国が大陸のメーンプレーヤーとなり、太平洋を挟んでアメリカと中国が向き合うとき、日本はどこに位置するのか。日本は太平洋の西端に位置する海の国であって、ユーラシア大陸の東端に位置する陸の国ではない。19世紀、20世紀は大西洋が国際政治の主たる舞台になったが、21世紀には太平洋にシフトする。そのとき、日米中は正三角形で、その1極に日本がいるといった認識では、日本はますます迷走を続けることになるだろう。

幕末から明治の終わりごろまでは、日本はイギリスと同盟し、アメリカのバックアップを得て、国際社会での地位を高めていった。しかし、日露戦争に勝って以降、アジアの盟主たるべく大陸に進出したのは、地政学的な位置づけを間違えたからだ。21世紀の日本は、太平洋の西端に位置するという日本の立地を再確認し、アメリカと包括的な協調関係を結び、北米、南米、オーストラリア、ニュージーランドからインドネシア、フィリピンなど太平洋の国々とともに、マレーシア、ベトナム、タイなどの諸国を含めて、ユーラシア大陸に向き合うことを基本に据えるべきだ。

（2004年2月16日付　日本経済新聞朝刊「イノベートジャパン」広告特集より一部転載）

完全平和主義は大戦後の一瞬の夢

国家は、国際社会という座標軸のなかの一つの座標であり、日本もまたその一つである。座標軸の一方には平和共存の理念が、もう一方には現実の国益が刻まれる。国家の盛衰は国際社会の理念と国益の関数であり、両者の係数は歴史とともに変遷する。国はその兼ね合いを計りつつ、大義に基づき、柔軟に対処しなければならない。国民の安全を守り、国土を保全し、豊かさを維持するとはそういうことであり、それがまさに国際社会の常識である。

ところが、日本国憲法は理念として、平和主義を掲げるにとどまらず、国連による実効的支配のもとでの完全平和主義こそが唯一の形であるかのごとく成文化し、しかもそれにより国の形を永久に固定化しようと志した。憲法前文、九条が完全平和主義を、九六条が不磨の大典化を目指していることは明らかである。

しかし、現実の国際社会は憲法の前提とするような調和的、統一的なものではなく、流動的なものである。国連の統治による地球社会という理想、それは大戦後のほんの一瞬だけひらめいた夢のようなもので、数年を経ずして一枚岩だったはずの連合国自体が分裂、自由主義と共産主義、民主制と一党独裁、すなわち米ソ冷戦という対立の図式のもとで半世紀を過ごすことになった。冷戦開始は、アメリカの対日政策を「工業化阻止」から「東アジアにおける自由主義陣営の産業拠点化」へと転換させ、その結果、日本は急速な産業発展を遂げるとともに、日米安全保障条約により、実質的に自由陣営の抑止力の一端を担うことになった。この間、政府が憲法の現実的な解釈と運用により、賢明に対処したことは評価に値する。敗戦後六十年の間に日本が自由で、民主的で、平和で、豊かな国を作り上げた事実が何よりの証明である。

（2005年3月7日付　日本経済新聞朝刊「イノベートジャパン」広告特集より一部転載）

国家と憲法

南北戦争中の一八六四年にリンカーンが友人にあてた手紙は憲法と国家の関係を考える上で示唆に富んでいる。「国家を失えば憲法はおのずから消滅する。生命と四肢はもちろん両方とも大切であるが、生命を救うために必要なら四肢を切断することは珍しくない。しかし、四肢を救うために生命を放棄するのは愚かなことである。私は国家を保全することが憲法を保全するために不可欠な場合は、通常なら違憲である手段もまた合法的たり得ると考えて来た」

ソ連が崩壊し、冷戦が終了すると「歴史は終わった」「これからは軍事力は必要ない」などの神話が一時の時流を彩ることになった。しかしその後の地域紛争の頻発や、九月十一日のアメリカに対するテロ攻撃の発生などはいずれも歴史が終わらなかったこと、軍事力による防衛の必要性は一層、多様かつ身近になったことを物語っている。新たな脅威に対して有効に対処する能力は国際機関にはなく、当面はアメリカと同盟国が共同して対抗するほかはない。また一方、急速に軍事力を強化、近代化し、台湾を含む周辺諸地域に対し圧力を強めつつある大陸中国と海洋国家アメリカとの間には、米ソ冷戦に類似する伝統的な対峙《たいじ》の図式も見え始めてきた。日本自体、一方では北朝鮮による日本人拉致や核開発の脅威に直面し、他方では尖閣諸島や竹島など、日本固有の領土に対する隣国の不法かつ声高な領有権の主張、日本の排他的経済水域における海底資源開発などの主権侵害に対処するためには、不動の日米同盟が必須である。

（2005年3月7日付　日本経済新聞朝刊「イノベートジャパン」広告特集より一部転載）

葛西さんを悼む

屋山 太郎

葛西敬之さん！　重い病気と聞いていたのに、見舞いに行けなかったのは残念だった。散々迷った末に行かなかったのは、君のおしゃれのせいなんだ。しかし寝巻で会うわけじゃないし、大後悔しているよ。君の一級高い紳士ぶりには皆が一目置いていたなあ。それが君の品格を高めていた。

国鉄本社のエリートと時事通信の一記者のままなら、あんなに密に親しくなるはずもなかったが、人生というものはまったく想像もしなかったことが起こるなあ。「国鉄を解体して分割民営化する」というのが葛西発の厳命で、私は「誰にも洩らさずに協力することに徹し、世の中を納得させる」という役割だった。それにしても当時の中曽根首相の周りには葛西さんの意向を阻もうとする怪しい者が多すぎた。なので葛西さんは中曽根首相には近づかず、用件はすべて私が取り次ぐ方式になった。なにしろ秘密裏に進めているわけだから、気づかれたらおしまいである。葛西さんと会った際、「国鉄改革はどこまでやるの」と聞いたことがある。ある部分を民営化により切り離すなどして、健全な部分だけ助けるというような救済策なのだろうと思っていたが、葛西さんが言ったのはとんでもない荒業だった。当時、国鉄では毎年債務が2兆円増加し、累積債務は16兆円にまで膨れ上がっていた。この状況を打破するには、「誰も痛がらないうちに一挙に潰すしかありませんよ」と覚悟を決めたように言う。

しかし、国労（国鉄労働組合）や動労（国鉄動力車労働組合）といった過激な組合が趣旨を飲み込んで「イエス」と言うわけがない。

世の中で国鉄改革の3人組と言われているのは、後にJR東日本の社長になった松田昌士氏、JR西日本の社長になった井手正敬氏、そしてJR東海の葛西敬之さんということになっているが、葛西さんは酔っ払った時に、「改革者は4人である」といつも言っていた。

「なあ屋山さん、国鉄改革ができたのは林（林淳司・元運輸事務次官）、屋山、一昭（田中一昭・元総務庁審議官）、葛西の4人がいたからだよなあ」

葛西さんがこの4人の名前を挙げる時は、心底、満足気だった。ある日、葛西さんが「今日の話だけは屋山さんのOKをもらわなければいけない。いいですか」と言う。中身も知らないでOKを出すなんてことはあり得ないのだが、葛西さんの願いである。当時の国鉄内部では、改革派がまさかの民営化に向けて黙々と動いていた。「僕の役割は何？」と聞くと「動労の委員長と仲直りしてほしい」と言う。国鉄民営化に最も反対していたのは国労と動労で、せめて動労の松崎明委員長にウンと言わせて推進側に取り込まないとまったく進まない。「会って、仲良くやりましょう」と言えば、コトは済む段取りになっているという。葛西さんの「まず屋山、動労との友好場面を外に出したい」との意向を受け、文藝春秋の本誌を空けてなんと、松崎・屋山との対談で「鬼の動労はなぜ仏になったか」という大記事を出したことがある。

国鉄の分割民営化は国労と動労の弱体化につながったが、この二つの労組は社会党を背負っていた。その土台が潰れて社会党も無くなったのである。これはまったく予想外のことだったが、中曽根首相は最初から狙っていたという。ホントかなあ。

その後も様々なことがあったが、国鉄改革が完了して皆がサッパリした後、突然新聞に葛西さんの『未完の「国鉄改革」』という本の広告が出たのには驚いた。JR東海を完全民営化させた後、東京—名古屋間には超電導リニアの新幹線が必要だと触れている。葛西さんによると東海大地震でも起これば東京も大阪も孤立する。その時リニアが必要だと言う。「こっちは死んだ後のことまで思いつかないよ」と言ったものだ。

「葛西さんのように生きよう！」と私は今でも決心しているが、葛西さんに学ぶ点は、偉い人でも職人でもない点だ。勉強を始めると一直線に進んで行く。どこかで曲がるとまた一直線に行く。凡人に難しいのはどこで曲がるかだ。そこが識者になるか、ただの物知りになるかの境目だ。

葛西さんの知識がなぜこんなに深いか。私なりの分析を披歴しておく。葛西さんは東京大学在学中、夕食の後毎晩4時間ずつ本を読んだという。「正月も続けた」というから大変な努力だが、本人はこれが面白くなってきたという。

フランスは第二次世界大戦でドイツにあっという間に負け、それから1944年6月まで、米英連合軍がノルマンディーにやって来るのを待った。なぜこんな屈辱的な負けになったか。アンドレ・モーロワの『フランス敗れたり』の分析を見ると、国論が割れ、民主主義が成り立たなかったからだという。葛西さんの解説で十分に分かったのだが、葛西さんは説明が足りないと思ったのか、後日、『フランス敗れたり』の日本語訳を単行本として出版させ、私に送ってくれた。その親切に大感激したのはもちろんだが、国際政治と国内政治の関係が実によく分かった。こんな勉強を毎晩4時間、4年間もやった人に敵う新聞記者も役人もいないだろう。

葛西さんの評判が広まり、当然のように周囲から評価され、読売新聞に国際時評を書くことになった。葛西さんから連絡があり、「大丈夫かなあ」と言う。1作目は少し硬い感じがしたが、2作目からは一級品である。日本の財界には人材が少ないし、筆力も乏しい。葛西さんはたちまちトップ・ライターになった。

ある日、同僚から連絡が入って、葛西さんが経団連の会長と喧嘩したというのである。すぐ電話で聞いてみたのだが、葛西さんの方が正しい。「財界で中国詣でをするから君も一緒に来ないか」と経団連会長が誘ったところ、葛西さんは「中国に車輌を売ると機関車と客車を1台ずつ買って、2台目以降はコピー。そして事故が起きれば日本のせいにされますよ」と言ったという。この名答弁はかなり世の中に広まっているが、それを承知で敢えてここに記したのは、この現実を残して念を押しておくことが、葛西さんの願望でもあると思ったからだ。

葛西さんの頭を占めていたのは、国防問題だった。安倍晋三元首相も国防問題を誰よりも真剣に考えていたから、よく二人は会いたがり、会うと途方もなく長い夕食になった。

葛西さんは安倍氏が編み出した「自由で開かれたインド太平洋」構想を高く買っていた。「インド太平洋」構想の一端は2007年、安倍首相がインドに行った時にお披露目したものだが、インドの国会で大受けだった。日中友好を言っている同時期に、日米豪印の枠組みを打ち出したのはまさに天才的だ。中国側が日本商店壊しを始めた時とはいえ、その同じ時期に中国からインドに乗り換えたのは絶妙すぎる。有史以来、日本人で世界秩序の枠組みを創った者は初めてだろう。次の何百年かの間、世界が動いていく枠組みは、まさに日米豪印が軸となる。葛西さんに「中国が笑う時もあるだろう」と言うと、「君はあの笑いを信用したことがあるのか」と言う。確かに談笑したことはあるが、頼り切れる笑いではなかった。彼らはいい加減な笑いで時代を区切ってきたのだ。

葛西さんは「中国の通史なら何回も読んだが、国が続いていると思ったことは一度もない。その国があと何百年も続くはずがない」と言う。自信に満ちた葛西さんの顔を見て安心したことがある。

問題を出された瞬間に答えを浮かべ、その瞬間に書くというのは、名人に任された責任だ。葛西さん、君は与えられた責任を全うした。私はあと何年か、君と会話して知識を増やしたかったよ。君は天国で安倍さんと話して「国防」を煮詰めてくれ！　このテ

2016年3月の会食にて。葛西氏（後列中央）、田中一昭氏（前列右）、筆者（前列左）。

ーマなら二人で熱中できるのではないか。

２０２２年の夏、日本は二人の天才を亡くしてしまった。心細いよ！　ひどいことだよ。

屋山太郎氏略歴

１９３２年生まれ。59年、東北大学文学部卒業後時事通信社入社。ローマ・ジュネーブ特派員、首相官邸キャップ、編集委員兼解説委員などを歴任し、87年退社。81年、第二次臨時行政調査会に参画し、以後第一次～第三次行政改革推進審議会専門委員を務めるなど多くの公職を歴任。現在は日本戦略研究フォーラム代表理事を務める。「日曜放談」「ビートたけしのＴＶタックル」などのテレビ番組に長年出演。『官僚亡国論』（新潮社）など著書多数。２００１年、第17回正論大賞受賞。

知性に富んだ国士だった葛西さん

松井 孝典

2022年9月27日、安倍元総理の国葬儀に参列した。葛西さんの逝去に続く非業の死で、何か因縁を感じている。葛西さんには、様々な会にお招きをいただき、数多くの著名人との会食を経験させてもらった。中でも頻繁だったのが、安倍さんとの会食だ。特に印象深いのは、安倍さんが2回目の総裁選に出ると決めた直前の、夜の夕食会だ。その時に撮った写真によると、葛西さんと安倍さん、安倍さんの前回の総理の時の秘書官他といった人たちが、メンバーだった。1回目の投票でとにかく、2位以内に入ってもらいたいというのが皆の願いで、その激励会のような雰囲気もあった。

その当時は、安倍さんと葛西さんとの友人関係の濃密さは知る由もなかった。しかし、2回目の総理在任中、葛西さんと会っている時にしばしば、安倍さんから電話がかかってくるのを目撃して、その同志的連帯の深さを知った。葛西さんが、これが最後と覚悟を決めて入院した後、毎週のように見舞いに訪れ、二人きりで話をしていたことを、葬儀における安倍さんの弔辞の中で聞き、改めてそのことを確認した。葛西さんは、とにかく知性のある国士だった。いつも国のことを考え、そのためにできる限りのことをしていた。

国葬儀で感動したのは、菅義偉さんの友人としての追悼の辞だった。友人でもあり、政治的同志でもあった人しか語れない、心のこもった挨拶だった。その中で、安倍さんが死ぬ直前まで読んでいた本が、岡義武著の『山県有朋 明治日本の象徴』で、その読みかけのページのある個所にマークが付けられ、それが、伊藤博文の死に際しての短歌だったということが紹介された。聞いた時は、この本が岡義武の著作であることは知らなかったが、後日、そのことを知り、この本は、葛西さんの推薦によるものであろうと思った。岡さんは、葛西さんの大学時代の恩師で、その後も深く敬愛していたことを、聞き知っていたからである。

葛西さんとの出会いは、30年以上も前にさかのぼる。たしか、葛西さんが主宰する、友人たちとの謡の会の懇親会の席だったと思うが、共通の友人であった三枝成彰さんからの依頼を受け、話題提供を頼まれた。どんなことを話したか記憶にない。しかし、この時の話が印象的だったのだろう、その後、立て続けにいろいろな会で、講演を頼まれた。ＪＲ東海の取締役会の懇談の場や、名古屋での経済人の会だった。当時の肩書は副社長であったように思う。

そのようなことがしばらく続き、長い付き合いが始まった。なぜか分からないが、葛西さんと、ウマが合ったとしか言いようがない。強いて、何が気に入られたかといえば、原理原則に基づく私の主張の明快さかもしれない。かなりその関係が深まった後に、葛西さんに頼み事をしたことがある。以前から考えていた文理融合の学者の研究会を、サポートしてもらえないかという依頼である。快諾され、毎月、東京の本郷で「フォーラム『地球学の世紀』」が始まった。１９９０年代のことだ。しばらくは葛西さんもこの研究会に参加された。

葛西さんとは、1冊だけ、共著がある。葛西さん、三枝成彰さんとの鼎談《ていだん》の本だ。どういう経緯でそうなったのか覚えていないが、この鼎談は、私が胃がんの手術をして、退院した直後の時期だったのでよく覚えている。20年くらい前のことだ。決断を先に延ばさず、すぐに判断するためには、いつも判断のための座標軸が必要だということで、本のタイトルは『人生に座標軸を持て』となった。葛西さんには、この座標軸が明確にあった。

ある時期から、葛西さんは、教育について関心を深めた。政府の臨時的な、教育の懇談会に参加されたりして、日本の教育制度の改革について意見を述べられるようになった。そんな頃だったと思うが、中高一貫の、全寮制男子校の構想について相談を受けた。英国のイートン校をイメージされているようだった。その準備の会に参加し、何年か一緒に構想を練った。当時はまだ東大教授だったので、定年後に校長になってもらえないかという依頼も、何度となく受けた。

構想してから何年かして、中高一貫校は実現した。海陽学園である。中部地域の三社、トヨタ自動車、中部電力、ＪＲ東海が中心になり、日本の経済界のサポートを受け、三河の地に設立された。全寮制で、支援会社からのチューターを受け入れたユニークな中高一貫校である。国鉄改革の比ではないが、改めてその実行力に驚かされた。

民主党政権が誕生した時、私は東大を定年で退職した。それを機に、政権から宇宙政策の抜本的体制変革について相談を受けた。以前から付き合っていた政治家の多くが政権内部に入り、相談に来るようになり、この変革の作業を手伝うことになった。野田佳彦政権の頃、宇宙政策委員会が発足した。葛西さんは民主党とは主義主張を異にするが、委員長には葛西さんしかいないと思い、葛西さんを説得した。説得した理由は、ひとえに、それが日本の国益になるからというもので、葛西さんもまったく異分野ながら、最終的に引き受けてくださった。

葛西さんが委員長を引き受けてくださったことが、宇宙政策委員会をこれまでにない政府の諮問機関に育てあげるうえで、決め手になった。印象に残っていることは多いが、なんといっても、発足してすぐにワシントンを訪問し、米国の国防や宇宙政策の責任者と直接交渉したことだろう。日本の宇宙政策の立案体制が新しくなったことを、米国に印象付けるためには、それが一番だということを考えたのだろう。葛西さんは日本の外交・防衛の基本は米国との協調にあり、その中心に宇宙政策が関わることを自身で勉強し、いかにそれを進めるか、絶えず考えて次の手を打つという、これまでの国鉄改革やリニアの推進を進めてきた手法を、宇宙政策でも実行した。

葛西さんが委員長を務めているということもあって、日米の関係は、少なくとも宇宙の民生分野では肩を並べたように見えた。国務省の宇宙政策のトップや、NASAの長官がこぞって、宇宙政策委員会委員長との会見を希望するようになったからである。ワシントン訪問時には、当時のNASA長官の、たっての面会の希望が寄せられた。時間の都合がつかず一旦は断ったが、私たちの宿泊しているホテルをNASA長官が訪れ、朝食会という形で何とか実現した。外国訪問に同行するというのは、この時初めてであったが、米国の関係者とのパイプ作りにも驚かされた。米国の情報が、そうした関係者を通じてもたらされ、いろいろとアドバイスを受けることが多々あった。

葛西さんの勉強ぶりがよく分かったのは、『Ｗｅｄｇｅ』という雑誌の、アドバイザリー会議の場であった。編集部が決めたテーマを紹介してもらい、昨今の諸情勢などを意見交換するもので、時折開催された。葛西さんは特に歴史に関する本をよく読んでいた。どんなテーマでも、独自の分析で問題点を整理し、適切な意見を述べることが多かった。

葛西さんが主宰する勉強会も多々あった。特に、宇宙政策に関しては、何人かで、滋賀県長浜のＪＲ東海の施設に1泊２日で集まり、夜通し議論した。もちろん、夕食後は幅広い話題で意見交換を行った。葛西さんの議論で一貫していたのは、どんな話題に関しても国益に適うか否かという点だ。

葛西さんとの思い出といえば、政治家や財界の人たちとの会食の機会を数多く与えていただいたことを最初に述べた。同時に、日本の安全保障に関しての見聞を深めるチャンスを数多くいただいたことも忘れられない。防衛省の制服組トップとの度重なる会食や潜水艦の視察、観艦式への参加、江田島における幹部候補生卒業式への参加、そして、特筆すべきは、米国海軍の航空母艦ジョージ・ワシントンへの1泊の視察旅行である。

那覇までは通常の飛行機で向かい、嘉手納基地を訪問し、嘉手納からは米軍の飛行機でジョージ・ワシントンに向かった。航空母艦への着艦は初めてで、着艦時の負荷が生半可ではなく、スリリングであった。艦長との意見交換の際には、名刺代わりのメダルの交換があり、軍人との挨拶を初めて体験した。葛西さんは自身でこのようなメダルを作成されていて、米国の軍人との初会見では、いつもメダルの交換をされていた。メダルは、その図案がそれぞれの個性を反映したもので、美しく、飾って見ていても飽きないような出来栄えだ。もちろん葛西さんのメダルもいただいたが、その個性を見事に図案化していた。

ジョージ・ワシントンでの離発着の訓練は、なるほどと感じ入るものであった。単に、航空母艦を造ればいいというものではなく、その乗員の練度が戦力を決めるということを実感した。米国の海軍では、アルコールに関してはドライで、艦内では飲酒できない。英国の海軍はそうではないらしい。葛西さんの宿泊した部屋は、大統領が乗船した時に泊まる部屋だとかで広々としていた。その部屋で、寝る前に雑談したが、ドライであったことが残念だった。ちなみに私の部屋は、普通の将校の部屋だった。艦橋でレーダーに映る映像を見ていると、最前線の緊張感が伝わってくる。この時、葛西さん共々、MDA（海洋状況把握）の重要性を改めて実感した。

本人も健啖《けんたん》で、何かと頻繁に誘っていただいた食事会の頻度が低下したのは、肺の疾患のことを聞いてしばらくしてからである。それでも、亡くなる少し前、車いすでの移動が始まった頃までは、各種の食事会はまだ続いていた。6年ほど前、残りはあと5年と医者から言われている、ということを直接告げられた。実感がないまま、その間過ごしたことが、いまになって悔やまれる。食事量は激減したとはいえ、まだ、そこそこ食べられた時期にお誘いを受けた際、最優先で受けていれば良かったと、いまにして悔やまれる。かつては行きつけの料亭でコースが終わった後、追加で次々注文されるほどの健啖家であったが、晩年は食が細くなり、それを見ているのが辛いほどだった。

葛西さんの状態が目に見えて衰えたのは、2021年の年末頃だったと思う。その頃、『文藝春秋』誌における、リニアの鼎談の話を依頼された。よほどリニアへの思いが強かったのだろう。鼎談は2022年3月特別号に掲載された。鼎談を収録後、年が明けると、私の友人である学術界の重鎮にリニアに試乗してほしいから、依頼してくれないか、という電話をいただいた。時間がないという雰囲気がひしひしと伝わり、4月の初めに試乗をセットした。葛西さんも初めは試乗に付き添うつもりのようだったが、結局できなくなった。その代わり、試乗前日に夕食会をしたいということになったが、葛西さんの参加は、最早、叶わなかった。葛西さんの最後の望みは、リニアの実現への道筋をつけたいという思いだった。

葛西さんから最後の電話があったのは、4月の初めだった。死期が近いということをすでにご本人が悟っていて、電話でその覚悟が伝えられた。宇宙政策委員会の今後を頼むということだった。電話で最後というのは何ともやり切れず、直接お会いして、最後のご挨拶をしたいと思い、無理を承知で電話をかけ直し、ご本人に会社まで出向いていただき、4月7日にお会いすることができた。その数日後に入院したので、本当に最後のお別れであった。これから亡くなっていくという人と、直接、最後のお別れを交わすというのは、初めての経験だった。30分ほど葛西さんは、いつものように元気よくお話しされた。疲れた様子が見て取れたので、最後に写真を撮ってお別れした。最後まで、知性のある国士という人だった。ご冥福をお祈りしたい。葛西さん、本当にありがとうございました。

長浜のJR東海施設にて宇宙政策委員会関係者と。右から2番目が葛西氏。左から2番目が筆者。

松井孝典氏略歴

1946年生まれ。東京大学理学部卒業、76年同大学院博士課程修了。NASA客員研究員、マサチューセッツ工科大学及びミシガン大学招聘科学者、東京大学大学院教授を経て同大学名誉教授。2009年より千葉工業大学惑星探査研究センター所長、20年より同大学学長。その他、宇宙政策委員会委員長代理等を歴任。

日本の惑星科学の第一人者。1986年、学術誌『ネイチャー』に海の誕生を解明した「水惑星の理論」を発表し、世界の地球科学者から注目を集めた。『地球システムの崩壊』（新潮選書）など著書多数。

コラム 千思万考

中国への新幹線輸出はしない

鉄道をシステムとして輸出する場合、鉄道会社の役割は運営や保守などです。台湾への新幹線輸出では我々はこの面でメーカーや商社の日本連合を支援していますが、「もうけない代わりにリスクはとらない」を基本にしています。メーカーや商社は車両などを納品し代金を受け取れば終わりですが、鉄道運営は十年、二十年の長期に及び、その間事故が発生する危険もあるからです。そこで台湾では契約で「事故などが起こってもノーリスク」という担保をとってあります。

しかし中国では法制が未整備で、契約という概念も乏しい。絶対トラブルがないという担保がなければ支援はできません。

日本連合を支援するのはその結果彼らの収益力、技術力が上がり、我々に納入する物品の品質が良くなってほしいと思うからです。したがって日本の鉄道関連産業の技術空洞化の恐れがある場合も支援する気にはなりませんが、中国の場合、その懸念なしとしないところがあるのです。

（2005年1月21日付　日本経済新聞夕刊「理をもって尊しとなす⑤」より一部転載）

長期的視点での中国マーケット

戦前の日本は「満蒙は日本の生命線」と言い続け、戦争に突入した。短期的には確かにその通りという面もあるが、物事は短期的な見方と、長期的・持続的な見方の両方を併せ持って考えなければならない。短期的な影響だけで動いていると、長期的利益を失う可能性が高い。世界の国際社会に通じる大義名分、合理性・正当性というものをしっかりと守り、同じ価値を共有する仲間同士で手を組みながら、一時的には多少マイナスがあっても、代替物により補完するなどして乗り越えて行くことが、最終的には日本にとって良い結果をもたらすだろう。

（2021年6月13日　BSテレビ東京「NIKKEI日曜サロン」より）

葛西敬之 略年譜

年	西暦	個人の動静	国鉄、JR東海、(世の中)の動き
昭和15年	1940	10月20日　兵庫県明石に生まれる(父・順夫、母・益世) ほどなくして一家で東京へ移る	
昭和16年	1941		(12月　真珠湾攻撃)
昭和17年	1942		
昭和18年	1943		
昭和19年	1944		
昭和20年	1945	柿本人麻呂や万葉集に詠まれた和歌を父より口伝えで学ぶ 新潟の佐渡に疎開、終戦後一家で佐渡から東京に戻る	(8月　終戦)
昭和21年	1946		
昭和22年	1947	4月　桃井第二小学校に入学 小学生全集を夢中で読む	
昭和23年	1948		
昭和24年	1949		6月　日本国有鉄道発足、 下山定則総裁就任
昭和25年	1950		
昭和26年	1951	4月　荻窪小学校に転校 父・順夫と論語などの読書会が始まる	(9月　サンフランシスコ平和条約、旧日米安保条約締結)

昭和27年	1952		
昭和28年	1953	4月　神明中学校に入学	
昭和29年	1954		
昭和30年	1955		5月　十河信二総裁就任
昭和31年	1956	4月　都立西高校に入学	（10月　日ソ共同宣言）
昭和32年	1957		
昭和33年	1958		
昭和34年	1959	4月　東京大学文科Ⅰ類に入学 大学1年時に観世流の謡曲を始める	
昭和35年	1960		（1月　新日米安保条約締結） （60年安保闘争）
昭和36年	1961	4月　東京大学法学部に進学	
昭和37年	1962	大学4年時に岡義武ゼミに入り、日本政治外交史を学ぶ	5月　三河島事故 5月　超電導磁気浮上式鉄道（超電導リニア）の研究始まる （10月　キューバ危機）

年	個人の動静	国鉄、JR東海、（世の中）の動き
昭和38年 1963	4月 本社採用学士として国鉄に入社 7月 中国支社に配属 車掌や運転士などの現場研修	5月 石田禮助総裁就任 11月 鶴見事故
昭和39年 1964	8月 経理局に配属	10月 東海道新幹線（東京－新大阪間）開業 （10月 東京オリンピック）
昭和40年 1965		（2月 米国が北ベトナム爆撃を開始） 4月 第三次長期計画が開始 昭和39年度決算、経営赤字に転落
昭和41年 1966	5月 旅客営業局に配属 都市交通係係長として通勤路線複々線化の事務局を担当	
昭和42年 1967	5月 芥川省子と結婚 7月 ウィスコンシン大学マディソン校留学	昭和41年度決算、累積赤字に転落
昭和43年 1968		

年		
昭和44年 1969	8月 名古屋鉄道管理局営業部貨物課に配属（課長）	（1月 東大安田講堂事件） 5月 国鉄財政再建促進特別措置法成立 国鉄再建計画が開始 5月 磯崎叡総裁就任
昭和45年 1970		（3月 大阪万国博覧会） 4月 マル生教育が始まる
昭和46年 1971	2月 経営計画室に配属（主任部員） 長期収支の試算を担当	10月 マル生で磯崎総裁が陳謝、事実上の中止を表明
昭和47年 1972		（2月 札幌オリンピック） 3月 山陽新幹線（新大阪－岡山間）開業 昭和46年度決算、償却前赤字に転落 （5月 沖縄返還） （9月 日中国交正常化）
昭和48年 1973	12月 経理局に配属（課長補佐） 予算の要求と執行を担当	9月 藤井松太郎総裁就任 （10月 第4次中東戦争勃発、オイルショック）
昭和49年 1974		

年	個人の動静	国鉄、JR東海、(世の中)の動き
昭和50年 1975		3月 山陽新幹線(岡山－博多間)開業 11月 国労・動労がスト権ストに突入(8日間)
昭和51年 1976		2月 国鉄が国労・動労にストに対する約202億円の損害賠償を求め提訴 3月 高木文雄総裁就任 11月 国鉄運賃法一部改正法成立、約5割の運賃値上げを実施
昭和52年 1977	2月 静岡鉄道管理局総務部に配属(部長) 人事や労務の責任者	7月 宮崎実験線で超電導リニアの走行試験開始 12月 国鉄運賃値上げを一部弾力化する法案が成立
昭和53年 1978		(5月 成田空港開港)
昭和54年 1979	3月 仙台鉄道管理局総務部に配属(部長) 人事や労務の責任者	
昭和55年 1980		
昭和56年 1981	4月 経営計画室に配属(計画主幹) 第二臨調担当総裁室調査役兼務 5月 臨調委員の瀬島龍三氏と接触 7月 社内で非公式勉強会開始(分割民営を勉強) 9月 臨調本答申に向けて瀬島氏に「国鉄問題の解決策について」説明 9月 自民党交通部会長の三塚博氏に職場規律について説明	3月 第二次臨時行政調査会が設置される 5月 経営改善計画が開始 9月 第二臨調第四部会(三公社担当)が発足

昭和57年 1982	2月 三塚委員会の秘密事務局を担当	2月 自民党内に国鉄問題を扱う三塚委員会が設置される 4月 三塚委員会が中間報告を発表 （職場規律の確立を求める内容） 7月 三塚委員会が本答申を発表（経営形態論に踏み込む） 7月 第二臨調が基本答申を発表 （5年以内の分割民営化を掲げる）
昭和58年 1983	5月 職員局職員課に配属（課長） 異動後も分割民営化に向けた活動を継続	4月 新規採用を全面停止 6月 第二臨調基本答申を受けて、 国鉄再建監理委員会が発足 12月 仁杉巌総裁就任
昭和59年 1984	三塚博氏の要請を受けて執筆作業に協力	7月 三塚博氏が『国鉄を再建する方法はこれしかない』 （政治広報センター）を出版
昭和60年 1985	5月 21名の意見文書「首脳陣の刷新について」を 亀井正夫・国鉄再建監理委員会委員長に見せる 10月 「10万人合理化計画」を各労組に提案	1月 国鉄首脳陣が「経営改革のための基本方策」を発表 （4月 日本電信電話、日本たばこ産業が民営化により発足） 6月 仁杉巌総裁辞任（重役7名更迭）、杉浦喬也総裁就任 6月 国鉄内に総裁を本部長とする 「余剰人員対策推進本部」設置 7月 国鉄再建監理委員会が最終答申を発表 7月 国鉄内に総裁を本部長とする 「再建実施推進本部」設置
昭和61年 1986	1月 動労・鉄労・全施労と「労使共同宣言」を結ぶ 2月 職員局次長に就任 5月 広域異動を開始 6月 希望退職募集開始	5月 希望退職法が成立 7月 衆参同日選挙で自民党が圧勝、 分割民営化は圧倒的支持を受ける 10月 修善寺大会で国労が分裂 11月 国鉄改革関連法が成立

葛西敬之 略年譜

年	個人の動静	国鉄、JR東海、(世の中)の動き
昭和62年 1987	4月 JR東海入社、取締役総合企画本部長に就任 東海道新幹線の大動脈機能を守ることを最優先の課題とする 6月 100系車両の大量発注を決定 7月 「リニア対策本部」を立ち上げる 7月 第1回「東京参与会」を開催 12月 ドイツ(エムスランド)で常電導リニアを視察し、フランスでTGVに乗車	4月 JR東海発足 6月 「シンデレラ・エクスプレス」キャンペーン開始
昭和63年 1988	1月 社内に「東海道新幹線速度向上プロジェクト委員会」を立ち上げる 6月 運輸省にリニア実験線の建設を提起 7月 リニア実験線の自己負担での建設を決定 9月 東海道新幹線270km/h化を決定	3月 東海道新幹線の新富士駅、掛川駅、三河安城駅が開業
平成元年 1989	1月 「JRセントラルタワーズ構想」を公表	3月 リース料の固定及び東海道新幹線と中央新幹線の一元経営について本州3社、運輸省で覚書締結 4月 『WEDGE』創刊 (4月 消費税導入) (6月 天安門事件) (11月 ベルリンの壁崩壊) (12月 マルタ会談、冷戦終結)
平成2年 1990	5月 「品川新駅」構想を発表 6月 代表取締役副社長に就任	2月 運輸大臣の指示を受け中央新幹線の地形、地質等に関する調査開始 3月 第1回「JR株式基本問題検討懇談会」開催 6月 東海道新幹線と中央新幹線の一元経営について運輸省と公文書確認
平成3年 1991		(1月 湾岸戦争勃発) 10月 新幹線鉄道保有機構解体 東海道新幹線鉄道施設の買取

平成4年	1992		3月　のぞみ（300系）の営業運転開始、最高速度270km／hを実現
平成5年	1993		9月　「そうだ京都、行こう。」キャンペーン開始
平成6年	1994		
平成7年	1995	6月　代表取締役社長に就任	1月　阪神淡路大震災、東海道新幹線の京都－新大阪間が被災
平成8年	1996		
平成9年	1997	4月　中部経済同友会代表幹事に就任（～2000年4月まで）	4月　山梨リニア実験線で走行試験を開始 10月　JR東海、株式上場
平成10年	1998		（2月　長野オリンピック） 10月　日本国有鉄道清算事業団解散

葛西敬之 略年譜

		個人の動静	国鉄、JR東海、(世の中)の動き
平成11年	1999		3月 700系の営業運転開始 12月 JRセントラルタワーズ竣工
平成12年	2000	6月 在名古屋フィンランド名誉領事に就任(~2020年12月まで)	3月 ジェイアール名古屋タカシマヤが開業 5月 名古屋マリオットアソシアホテルが開業
平成13年	2001	2月 『未完の「国鉄改革」』(東洋経済新報社)を出版	(9月 米国同時多発テロ) 12月 JR会社法改正法が施行(JR本州3社は適用除外に)
平成14年	2002		(5月 日韓共同開催のサッカーW杯が開幕) 7月 小牧研究施設開設
平成15年	2003	1月 トヨタ自動車、中部電力とともに中高一貫校を設立する構想を発表	(3月 イラク戦争勃発) 10月 東海道新幹線品川駅開業、「のぞみ」中心のダイヤへ
平成16年	2004	5月 日本経済団体連合会常任幹事に就任(~2014年3月まで) 6月 代表取締役会長に就任 7月 中部経済連合会副会長に就任(~2010年5月まで)	

平成17年 2005	4月 伊勢神宮崇敬者総代に就任（～2022年3月まで） 4月 東京大学先端科学技術研究センター客員教授に就任（～2008年3月まで）	（3月 愛知万国博覧会） 3月 国交省実用技術評価委員会「実用化の基盤技術が確立した」との評価 10月 「うまし　うるわし　奈良」キャンペーン開始
平成18年 2006	2月 国家公安委員会委員に就任（～2011年2月まで） 6月 熱田神宮総代に就任（～2022年5月まで） 9月 山梨リニア実験線42・8kmへの延伸の自己負担を決定 10月 教育再生会議委員に就任（～2008年1月まで）	4月 鉄道・運輸機構保有のJR東海株式の売却完了 4月 海陽学園開校 （9月 第一次安倍内閣成立）
平成19年 2007	1月 「日米印三者会談」を共同開催（～2015年12月まで計10回） 4月 安保法制懇委員（第一次安倍政権）に就任（～2008年6月まで） 7月 年金業務・社会保険庁監視等委員会委員長に就任（～2009年12月まで） 7月 『国鉄改革の真実』（中央公論新社）を出版 12月 中央新幹線（東京－名古屋間）の自己負担を前提とした建設を決定	（3月 台湾新幹線正式開業） 7月 N700系の営業運転開始
平成20年 2008		（9月 リーマンショック） 12月 国交大臣の指示を受け中央新幹線の4項目調査を開始
平成21年 2009	11月 靖國神社崇敬者総代に就任（～2022年5月まで）	7月 国交省実用技術評価委員会「営業線に必要となる技術が網羅的・体系的に整備された」との評価
平成22年 2010	4月 『明日のリーダーのために』（文春新書）を出版 4月 中央新幹線（東京－大阪間）の自己負担を前提とした建設を決定 12月 宇宙開発戦略専門調査会座長に就任（～2012年7月まで）	1月 海外高速鉄道プロジェクトへの参入を表明

年	個人の動静	国鉄、JR東海、(世の中)の動き
平成23年 2011	6月 東京電力に関する経営・財務調査委員会委員に就任（～2011年10月まで） 9月 行政刷新会議議員に就任（～2012年12月まで） 10月 原子力損害賠償支援機構運営委員会委員に就任（～2013年10月まで）	（3月 東日本大震災） 5月 国交大臣がJR東海を中央新幹線の営業主体・建設主体に指名し、整備計画を決定のうえ、JR東海に建設を指示 12月 超電導リニアに関する技術基準制定
平成24年 2012	7月 宇宙政策委員会委員長に就任（～2022年5月まで） 10月 財政制度等審議会財政制度分科会臨時委員に就任（～2021年3月まで）	（12月 第二次安倍内閣成立）
平成25年 2013	2月 安保法制懇委員（第二次安倍政権）に就任（～2014年5月まで） 11月 「日印二者会談」を共同開催（～2020年7月まで計5回） 12月 第29回「正論大賞」を受賞	2月 N700Aの営業運転開始 8月 山梨リニア実験線の42・8kmへの延伸工事完了 走行試験再開
平成26年 2014	4月 代表取締役名誉会長に就任 5月 旭日大綬章を受章	4月 国際高速鉄道協会（IHRA）設立 10月 国交大臣が中央新幹線（品川－名古屋間）の工事実施計画（その1）を認可
平成27年 2015	10月 『私の履歴書』連載	3月 東海道新幹線の最高速度を285km／hに向上
平成28年 2016	4月 海陽学園理事長に就任（～2022年3月まで）	11月 財政投融資を活用した長期借入開始

年	西暦	事項	社会の動き
平成29年	2017	3月　『飛躍への挑戦』（ワック）を出版	2月　ＪＲゲートタワー竣工 2月　国交省実用技術評価委員会「営業線に必要な技術開発は完了」との評価
平成30年	2018	4月　代表権がはずれ、取締役名誉会長に就任	3月　国交大臣が中央新幹線（品川－名古屋間）の工事実施計画（その２）を認可 （11月　準天頂衛星システム「みちびき」がサービス開始）
令和元年	2019		
令和2年	2020	6月　取締役を退任、名誉会長に就任	（1月　新型コロナウイルス感染症流行） 3月　東海道新幹線全列車の最高速度２８５㎞／ｈ運転、「のぞみ12本ダイヤ」 7月　Ｎ７００Ｓの営業運転開始
令和3年	2021		（7月　東京オリンピック・パラリンピック）
令和4年	2022	5月25日　逝去	

筆者略歴

職歴

1940年10月20日	兵庫県生まれ
1963年3月	東京大学法学部卒業
1963年4月	日本国有鉄道入社
1969年6月	米国ウィスコンシン大学経済学修士号取得
1977年2月	静岡鉄道管理局総務部長
1979年3月	仙台鉄道管理局総務部長
1981年4月	経営計画室計画主幹
1983年5月	職員局職員課長
1986年2月	職員局次長
1987年4月	東海旅客鉄道株式会社入社 取締役総合企画本部長
1990年6月	代表取締役副社長
1995年6月	代表取締役社長
2004年6月	代表取締役会長
2014年4月	代表取締役名誉会長
2018年4月	取締役名誉会長
2020年6月	名誉会長

公職歴

国家公安委員会委員（2006.2～2011.2）
教育再生会議委員（2006.10～2008.1）
安全保障の法的基盤の再構築に関する懇談会委員（2007.4～2008.6、2013.2～2014.5）
年金業務・社会保険庁監視等委員会委員長（2007.7～2009.12）
宇宙開発戦略専門調査会座長（2010.12～2012.7）
東京電力に関する経営・財務調査委員会委員（2011.6～2011.10）
行政刷新会議議員（2011.9～2012.12）
原子力損害賠償支援機構運営委員会委員（2011.10～2013.10）
宇宙政策委員会委員長(2012.7～2022.5)
財政制度等審議会財政制度分科会臨時委員(2012.10～2021.3)
学校法人海陽学園理事長(2016.4～2022.3)

その他兼職歴

中部経済同友会代表幹事（1997.4～2000.4）
中部経済連合会副会長（2004.7～2010.5）
在名古屋フィンランド名誉領事（2000.6～2020.12）

本書に収録の「私の履歴書」は日本経済新聞朝刊に連載された「私の履歴書 葛西敬之」（２０１５年10月）、
また「あすへの話題」は日本経済新聞夕刊に連載された同名記事（２０００年7月～12月）を、
書籍化にあたって加筆修正したものです。肩書きなどは連載当時のままとしています。

葛西 敬之（かさい　よしゆき）

1940年生まれ。63年、東京大学法学部卒業後日本国有鉄道入社。69年米国ウィスコンシン大学経済学修士号取得。国鉄職員局次長等を経て、87年東海旅客鉄道株式会社の発足とともに取締役総合企画本部長に就任。95年、代表取締役社長。2004年、代表取締役会長。14年、代表取締役名誉会長。18年、取締役名誉会長。20年、名誉会長となる。その他に宇宙政策委員会委員長、学校法人海陽学園理事長等を歴任。主著に『未完の「国鉄改革」巨大組織の崩壊と再生』『国鉄改革の真実「宮廷革命」と「啓蒙運動」』『明日のリーダーのために』『飛躍への挑戦 東海道新幹線から超電導リニアへ』。2022年5月25日逝去。

日本のリーダー達へ
私の履歴書

2023年2月9日　1版1刷
2023年2月28日　2刷

著　者　葛西 敬之
©Yoshiyuki Kasai, 2023
発行者　國分 正哉
発　行　株式会社日経BP
日本経済新聞出版
発　売　株式会社日経BPマーケティング
〒105-8308　東京都港区虎ノ門4-3-12
装幀・本文デザイン・DTP　中川 英祐（Tripleline）
印刷・製本　中央精版印刷株式会社
ISBN 978-4-296-11724-6

本書の無断複写・複製（コピー等）は著作権法上の例外を除き、禁じられています。購入者以外の第三者による電子データ化および電子書籍化は、私的使用を含め一切認められておりません。本書籍に関するお問い合わせ、ご連絡は下記にて承ります。
https://nkbp.jp/booksQA

Printed in Japan